LLévanos
a la pureza

Una recopilación de las enseñanzas de
Sri Mata Amritanandamayi
1990-1999

Realizada por *Swami Jnanamritananda*

Mata Amritanandamayi Center, San Ramon
California, Estados Unidos

Llévanos a la pureza

Una recopilación de las enseñanzas de *Sri Mata Amritanandamayi*
Realizada por *Swami Jnanamritananda*

Publicado por:
Mata Amritanandamayi Center
P.O. Box 613
San Ramon, CA 94583
Estados Unidos

——————————— *Lead us to Purity (Spanish)* ———————————

Primera edición por MA Center: septiembre de 2016

En España: www.amma-spain.org
    fundación@amma-spain.org

En la India:
    inform@amritapuri.org
    www.amritapuri.org

Oh, Ser Supremo,
llévanos de la falsedad a la verdad,
de la oscuridad a la luz
y de la muerte a la inmortalidad.
Om paz, paz, paz.

– *Brihadaranyaka Upanishad (1 : 3 : 28)*

Índice

Prólogo

Este libro contiene una recopilación de discursos que Amma dio en la India entre 1990 y 1999. Como Amma revela las verdades de la vida a la luz de la espiritualidad y de una manera inexpugnable por la lógica, el lector no sólo recibe una nueva visión de la vida sino la inspiración para vivir según los principios universales que Amma explica de una forma tan diáfana. Como una madre hablándole a su hijo, Amma revela profundos principios con las palabras más sencillas. En este libro se ofrecen respuestas convincentes a las numerosas preguntas que la mayoría de nosotros hemos hecho o hemos querido hacer en uno u otro momento.

El lector verá que algunos de los discursos contienen los mismos ejemplos o historias. Estas infrecuentes repeticiones se han dejado tal y como están porque los ejemplos son muy bellos y encajan maravillosamente en el contexto del texto, y porque los editores no querían interferir en forma alguna en los discursos de Amma.

Cada frase pronunciada por Amma nos ayuda a comprender el objetivo último de la vida y revela caminos para lograr ese objetivo. Las palabras de Amma nos guían y nos animan a llevar una vida verdaderamente plena y con sentido.

Primera Parte

Hijos de la inmortalidad

Mensajes de cumpleaños de Amma

Que mis versos vayan como el sol en su camino.
Que todos los hijos de la inmortalidad escuchen,
incluso aquellos que han ascendido al cielo.

– Shvetashvatara Upanishad (2:5)

Amma mira a sus hijos durante la fiesta organizada para su cumpleaños.

La práctica del dharma es la fuente y el sostén del dharma

Mensaje de cumpleaños de Amma, 1990

Unas veinte mil personas de todos los estratos sociales y de toda la India asistieron a las celebraciones del cumpleaños de Amma en 1990. También participaron cientos de personas de Occidente. A finales de los noventa las multitudes habían aumentado hasta más de cincuenta mil personas.

Queridos hijos míos[1]:

A Amma[2] le agrada que en su cumpleaños estéis tan contentos y haciendo servicio desinteresado.

Aparte de esto Amma no obtiene ninguna alegría especial de estas celebraciones. Amma sólo ha aceptado todo esto para ver la felicidad de sus hijos. Queridos hijos míos: a Amma le hace realmente feliz veros amándoos los unos a los otros y siendo compasivos hacia los demás. A Amma también le agrada mucho más que os ofrezcáis voluntarios para limpiar un sumidero sucio cercano que el que lavéis y adoréis sus pies. Estad dispuestos a servir al mundo con tanta devoción y pasión como mostráis sirviendo a Amma. La verdadera adoración de los pies de Amma es esforzarse desinteresadamente en eliminar el sufrimiento del mundo. A Amma le haría realmente feliz que sus hijos considerasen

---

[1] Amma llama a las personas "sus hijos" o "sus hijas". Cuando habla de otros a menudo dice "los hijos".

[2] Amma significa "Madre" en *malayalam*. Amma normalmente habla de sí misma en tercera persona llamándose "Amma".

el día de su cumpleaños como el día de enjugar las lágrimas de los que sufren.

Cultivar una actitud de renuncia

Si queréis a Amma y queréis hacerla feliz, haced el voto de dejar al menos una mala costumbre en cada uno de sus cumpleaños. Eso demostraría vuestro verdadero amor por Amma. Si la felicidad residiera realmente, por ejemplo, en los cigarrillos, ¿no podrían todos lograr la felicidad fumando? Pero no es el caso. Algunos no pueden soportar el olor de los cigarrillos. Los perturba. La felicidad no depende de los objetos; la felicidad depende de la mente. Controlando nuestra mente podemos experimentar la dicha sin la ayuda de ningún objeto exterior. Entonces, ¿por qué desperdiciar dinero y poner en riesgo la salud? Aquellos de vosotros que fuméis haced el voto de dejar de fumar a partir de hoy. El dinero que ahorréis de este modo puede dedicarse a la educación de un niño indigente. Aquellos de vosotros que bebáis alcohol haced el voto de dejar de beber. Igualmente, a menudo se gastan entre cien y quinientas rupias en una sola prenda de vestir. Algunas de vosotras os compráis al menos diez saris cada año. Que este año sean nueve, y gastad el dinero que os sobre en medicinas para algún indigente que esté enfermo. Hijos, si queréis a Amma, si amáis al Ser Supremo, debéis estar dispuestos a adoptar esta actitud de renuncia.

Hijos míos, no podemos experimentar a Dios sin renuncia. *Tyagenaike amritatvamanashuh:* "Solo por la renuncia puede lograrse la inmortalidad". Para lograr cualquier objetivo debemos dejar algo. Para aprobar un examen tenemos que estudiar mucho teniendo presente el objetivo. Si queremos construir un puente, tenemos que trabajar con mucho cuidado y paciencia. La base del éxito de cualquier esfuerzo es el acto de la renuncia. No podemos cruzar el océano del *samsara*[3] sin espíritu de renuncia. Sin renuncia, recitar mantras no proporciona ningún beneficio. Independientemente de cuántas veces recitemos un mantra, no podremos experimentar a nuestra deidad amada (*ishta devata*) [4] sin espíritu de renuncia. La deidad aparecerá ante el que tenga ese espíritu, aunque él o ella no repita ningún mantra. Todos los seres divinos irán a ayudar a una persona así en su trabajo. Eso no significa que no debamos recitar mantras, sino solo que también tenemos que vivir según esos principios. No basta con sembrar una semilla. La perfección se logra cuando se realizan buenas acciones con actitud de renuncia. Nuestras buenas acciones demuestran cuánto hemos crecido.

La compasión por los pobres es nuestro deber con Dios.

Practicamos el culto en el templo circunambulándolo y gritando: "*¡Krishna, Krishna!*" Después, cuando nos marchamos del lugar, los mendigos de la puerta pueden estar suplicándonos "¡Ayúdame! ¡Me muero de hambre!", pero ni siquiera los miramos. Les gritamos: "¡Vete!", y nos marchamos sin siquiera ofrecerles una mirada amable.

Había un discípulo al que no le gustaba dar limosna. Su maestro espiritual lo sabía y fue a su casa disfrazado de mendigo. Llegó cuando el discípulo estaba ocupado ofreciendo leche y frutas ante la imagen del maestro. El maestro mendigó algo de comida, pero el discípulo lo apartó gritando:

—¡Aquí no hay nada para ti!

---

[3] El mundo de la pluralidad; el ciclo del nacimiento, la muerte y el renacimiento.

[4] La Divinidad que se ha escogido adorar según la propia naturaleza personal y que es el objeto de mayor deseo y la meta última de una persona.

Entonces el maestro se quitó el disfraz. El discípulo se quedó desolado y se postró a los pies del maestro.

Todos somos como ese discípulo. Solo amamos lo exterior. No amamos la esencia interior. Ofrecemos leche y *payasam* (un plato dulce de arroz) a una imagen, pero ni un penique al mendigo. Amma no quiere decir que tengamos que cubrir de dinero a los mendigos. Tenemos que tener cuidado cuando damos dinero a la gente, porque muchos lo gastan en alcohol o drogas. En cambio, podemos darles alimentos y ropa y decirles unas palabras amables. Ese es nuestro deber para con Dios. Por eso, hijos míos, dad de comer a los que tienen hambre y ayudad a los que sufren.

Dios está en todas partes, llenándolo todo. ¿Qué podemos ofrecerle a Dios? El verdadero amor y devoción a Dios no es otra cosa que ser compasivo con los pobres y necesitados.

Hijos míos, este es el mensaje de Amma para vosotros: consolad a los que sufren y ayudad a los pobres. Ahuyentar a los pobres o chistarles no es una señal de devoción. Ninguna cantidad de oración dará fruto si se realiza mientras se hace daño a los demás o se habla mal de ellos. Digamos unas palabras de consuelo a los que se nos acerquen. Recibámoslos con una sonrisa. Librémonos de toda nuestra arrogancia y seamos humildes. Aunque otros cometan errores, estad siempre dispuestos a perdonar. Estos son diferentes aspectos de la oración. Dios acepta estas oraciones.

Aunque recitemos nuestro mantra un millón de veces y hagamos innumerables peregrinaciones, no llegaremos a Dios si albergamos malos deseos contra los demás o si les ponemos la zancadilla. El único resultado de echar leche en un jarro que no esté lavado es que la leche se echará a perder. Las buenas acciones purifican la mente.

Hijos míos: Amma os está pidiendo —no ordenando, porque Amma no tiene el poder de ordenar a nadie— que hagáis el voto de dejar una mala costumbre o un artículo de lujo. No hay otra manera de conseguir que nuestras oraciones den fruto.

Hay que esforzarse todo lo posible por moldear nuestros corazones de tal forma que estemos dispuestos a ayudar a los que viven en la miseria y a consolar a los que sufren. Para ensanchar nuestra mente se dice que hay que darle comida al hambriento, no palabras ofensivas. Nunca olvidaremos la cara de alguien que nos ayudó cuando sufríamos.

Si accidentalmente nos metemos el dedo en el ojo, no nos cortamos el dedo. Perdonamos al dedo y acariciamos y consolamos al ojo, porque el ojo y la mano son nuestros. Hijos míos, de la misma forma, debemos amar a los demás todo lo que podamos y perdonarles sus errores. Eso es verdadero amor a Dios. Quienes tengan ese amor en el corazón recibirán la gracia de Dios.

Algunos vienen a Amma y le dicen: "Amma, tengo todos estos problemas. Por favor, haz un *sankalpa* (resolución divina) por mi". Pero en cuanto cruzan a tierra firme en la barca del *ashram* vemos que esas mismas personas van directamente a la bodega. Otros incluso están borrachos cuando vienen aquí. Amma no está enfadada con ellos, ni cuestiona sus derechos. Amma incluso hace un *sankalpa* por ellos, pero son incapaces de recibir el beneficio. Su mente es como una roca. Su vida está llena de egoísmo.

La oración

Podéis llevar muchos años visitando el *ashram*, recibir el *darshan* de Amma y rezar innumerables veces; pero para sacar de ello un beneficio real también tenéis que realizar buenas acciones. Cuando venís aquí podéis libraros de la carga de vuestra mente. Sin embargo, a algunos de los que vienen solo les preocupa regresar a casa lo antes posible. ¿Qué clase de entrega es esa?

Normalmente Amma lamenta ver el dolor de sus hijos; pero su corazón no se enternece con algunas personas, porque su mente le dice: "Esa persona es egoísta. Mira cuánto dinero y energía gasta en cosas ilusorias. ¿Por qué debería Amma hacer una resolución por los que no están dispuestos a privarse ni de una sola cosa egoísta?" Esta es la razón por la que algunas personas no obtienen lo que desean. ¿Cómo puede Amma derramar su compasión sobre quienes llevan vidas completamente egoístas?

Lo que hace que el *sankalpa* de Amma dé fruto son las oraciones y las buenas acciones de sus hijos. Sin ellas, sus hijos no recibirán ningún beneficio aunque Amma haga una resolución por ellos. El canal de televisión emite programas, pero sólo podemos verlos si sintonizamos correctamente nuestros televisores. Del mismo modo, tenéis que sintonizar la mente con el mundo de Dios para obtener algún beneficio.

Tratad de dar al menos un paso hacia el Ser Supremo. Entonces veréis cuántos pasos da el Ser Supremo hacia vosotros. Los que dejen de ser egoístas, realicen buenas acciones y recen correctamente no tendrán que hacer frente a ningún dolor. ¿No habéis oído la historia de *Kuchela*[5]? No son solo historias; son experiencias reales. ¡Y cuántas innumerables experiencias como esa hay!

Hijos míos, debéis rezar con amor y devoción. Vuestros corazones deben ablandarse cuando rezáis. A veces se considera que las lágrimas son una debilidad; pero derramar lágrimas por la visión de Dios no es en absoluto una debilidad. El brillo de la vela aumenta a medida que se va derritiendo. Las lágrimas son una forma sencilla de agrandar la mente. Nuestras lágrimas lavan las impurezas de la mente y con ello ganamos fuerza. Por el contrario, llorar es una debilidad cuando lloramos por cosas que no son reales. Solo nos quita fuerza. Derramar lágrimas de ansiedad por las cosas que se alcanzarán mañana es una debilidad, y cuando llegue el momento de lograr algo habréis perdido toda vuestra fuerza llorando y caeréis enfermos.

---

[5] Véase el glosario.

Cuando tengáis una herida, aplicad la medicina adecuada. Es inútil limitarse a seguir llorando. A algunos padres les vence la ansiedad cuando organizan las bodas de sus hijos. Los padres son incapaces de dormir y recurren a somníferos, y el día de la boda la madre o el padre están en el hospital. Amma ve a innumerables personas de mente débil. Algunos se preocupan por la construcción de una casa. Cuando la casa está finalmente terminada, el propietario ni siquiera puede caminar por ella, porque le ha dado un infarto. Actualmente, la mayor parte de la gente pierde su entusiasmo, su energía y su salud debido a la ansiedad por numerosas cosas como estas. Eso es debilidad. Por el contrario, cuando derramamos lágrimas por Dios ganamos entusiasmo, energía y paz.

La finalidad de tener fe en Dios y rezar no es llegar al cielo después de la muerte. Algunos dicen que los maestros espirituales y los *ashram*s fomentan la superstición y solo son para los ilusos; pero los que afirman eso no comprenden la verdad. Carecen de inteligencia. No tienen la mente en forma. Los maestros espirituales nos enseñan a trascender las debilidades de la mente y el modo de asegurarnos de que la armonía de la vida no resulte perturbada. Los *ashram*s son centros que imparten estas enseñanzas.

Las barras de acero se utilizan en las obras para reforzar el hormigón. Sin ellas los edificios se derrumbarían. La fe en Dios puede compararse con esas barras. La fe refuerza nuestra débil mente. Si tenemos fe no lloramos por cosas ilusorias ni acabamos volviéndonos locos por ellas.

En los periódicos se puede leer que cada día se suicidan muchas personas. La razón de la mayor parte de esas muertes no tiene nada que ver con la salud o la riqueza. Está relacionada con la falta de fuerza mental. Esa debilidad mental desaparecerá si podemos adquirir una verdadera fe en Dios. Con fe la mente se calma. Entonces somos capaces de superar las pequeñas dificultades sin sucumbir ante ellas.

Así que, hijos míos, refugiaos completamente en el Supremo, en Dios. Poseed una mente buena y no tendréis que estar tristes. Todo lo que necesitéis vendrá a vosotros. Si esto no sucede, decídselo a Amma. No dejará de suceder. Amma habla por su propia larga experiencia.

Practicad la moderación

La mayor parte de los hijos de Amma que vienen aquí están preocupados pensando en regresar a casa en cuanto llegan. Les preocupa tomar el autobús. En cuanto conocen a Amma se apresuran a postrarse y regresar corriendo. Muchos de ellos solo dicen una cosa: "Amma, no hay nadie en casa, así que tenemos que regresar enseguida. El autobús saldrá dentro de poco". La entrega no es algo verbal; se demuestra en las acciones. Esos hijos son incapaces de rendirse completamente ante la Verdad Suprema, ni siquiera durante el único día que pasan aquí. Aunque conocen a Amma, son realmente poco frecuentes los que buscan el camino hacia Dios entre todas las quejas y peticiones que le hacen. Eso no significa que debamos ignorar los asuntos mundanos, pero debemos darnos cuenta de que no son permanentes. Hijos míos, aunque todo este tiempo hayamos podido ir detrás de las cosas mundanas, privándonos de comida o de sueño, solo nos han causado dolor. No lo olvidéis. Así que de ahora en adelante, cuando visitéis un templo o un *ashram*, dedicad un poco de vuestro tiempo completamente a Dios. Dejad a un lado vuestros apegos, al menos durante ese rato.

Había una vez un rey que decidió dejar su trono para iniciar una vida de *vanaprastha*[6]. Decidió darles toda su riqueza a sus

---

[6] Tradicionalmente en la India hay cuatro etapas de la vida. *Vanaprastha* es la tercera etapa de la vida. Cuando los hijos de una pareja son lo suficiente

súbditos. Dio lo que cada persona le pedía. Un joven se presentó delante del rey y le contó sus problemas. El rey le dio una considerable cantidad de riquezas, pero el joven no estaba satisfecho. Cuando salía hacia el palacio su esposa le había dicho:

—¡Regresa solo cuando el rey te haya dado todo lo que sea posible!

Viendo la codicia del hombre, el rey le dijo:

—Aquí hay un río en el que crece coral precioso y puedes lograr que sea tuyo.

El joven estaba contentísimo. El rey siguió hablando:

—Pero hay una condición. Tendrás exactamente doce horas. Toma un bote, rema lo más lejos que puedas y regresa en ese plazo. Puedes reclamar la parte del río que hayas recorrido y todo el coral que haya allí será tuyo; pero si llegas un solo segundo tarde no tendrás nada.

El joven accedió. El día acordado una multitud se reunió a ambas orillas del río para verlo remar. Su esposa y sus amigos le animaron a que se apoderara de todo el río, por muy difícil que fuese. Le recordaron el gran logro que supondría convertirse en el dueño de tantísima riqueza. El hombre estaba entusiasmado y empezó a remar. Remó durante seis horas y después, por su avaricia, decidió seguir adelante. Pasaron dos horas más. Ahora solo le quedaban cuatro horas para regresar al punto de partida. En la mitad de tiempo tenía que cubrir toda la distancia que había recorrido en ocho horas. Se puso a remar muy rápidamente. Su esposa y sus amigos le animaban y le pinchaban. Le gritaban:

—¡Todos tus esfuerzos se perderán si llegas un solo segundo tarde! ¡Date prisa! ¡Rema deprisa!

---

mayores para cuidar de sí mismos, los padres se retiran a una ermita o a un *ashram* donde llevan una vida exclusivamente espiritual, haciendo prácticas espirituales.

El tiempo estaba a punto de terminarse, pero le quedaba un largo camino de vuelta hasta el punto de partida. Remaba con todas sus fuerzas. Empezó a dolerle el pecho. Aún así no dejó de remar. Se apretó una mano contra el pecho y siguió remando con la otra. Su cansancio aumentó. Vomitó sangre y aún así no dejó de remar por su codicia de más riqueza. Finalmente consiguió llegar al punto de partida un segundo antes de la hora acordada. Su esposa y sus amigos bailaban de alegría; pero el joven se derrumbó y exhaló allí mismo su último aliento.

Ahora la viuda tenía que hacer frente al problema de llevarse el cuerpo de vuelta a casa. Su hogar estaba lejos, de modo que hacía falta alguna clase de medio transporte. La esposa dijo:

—De todas formas está muerto. Tendría que alquilar un vehículo para llevar el cuerpo de nuevo a casa. Tengo que criar a nuestros hijos; no tengo dinero suficiente para alquilar ningún transporte, así que vamos a enterrarlo en algún lugar por aquí. Será suficiente.

Así, todo terminó para el joven a dos metros bajo tierra. Nadie lo acompañó. Ni su esposa y amigos, que habían insistido en que lograra toda esa inmerecida riqueza, ni sus hijos: nadie se quedó con él. Y tampoco la riqueza. Así es la vida, hijos míos. La gente vive sin darle a su mente ni un momento de paz. Se preocupan constantemente por su familia y su riqueza, y a menudo recurren a medios poco escrupulosos para lograr riquezas mundanas; pero, ¿les acompaña algo al final? No.

El sufrimiento empieza en el momento en que surge el deseo de cosas mundanas. Aunque los deseos se satisfagan, el sufrimiento solo está esperando su turno, porque las cosas que deseamos no son permanentes. Se perderán mañana, si no hoy. Dios es la única fuente de paz duradera. Se puede evitar el sufrimiento comprendiendo que los placeres materiales no duran y comenzando a vivir en consecuencia.

Amma no dice que no necesitéis riqueza ni objetos mundanos. Que haya lo suficiente para cubrir vuestras necesidades vitales, pero no más. Sed conscientes de lo que es eterno y os da paz y esforzaos por conseguirlo. El cielo y el infierno están aquí, en la tierra. La mente crea tanto el cielo como el infierno. Por eso hay que controlar la mente. Entonces no tendremos que experimentar dolor. Solo habrá dicha, dicha y dicha.

Amma después de la pada puja el día de su cumpleaños.

La verdadera devoción: La devoción por el Principio de Dios

Mensaje de cumpleaños de Amma, 1991

Hijos míos, cerrad los ojos y calmad la mente. Soltad todos los pensamientos y concentraos en los pies de vuestra deidad amada. No penséis en vuestra casa o en el trabajo o en tomar el autobús de vuelta a casa. Pensad solo en vuestra deidad amada. Dejad de hablar y recitad el nombre de Dios. Por mucha agua que vertáis en las ramas de un árbol, no sirve para nada; en cambio, si vertéis agua en la raíz llegará a todas las partes del árbol. Así que centraos tan solo en los pies de Dios, porque pensar en cualquier otra cosa es tan inútil como verter agua sobre las ramas de los árboles.

Si vuestro bote está atado a la orilla del río no podréis cruzarlo por muy fuerte que reméis. Del mismo modo, cuando rezáis, si vuestra mente está atada a vuestra familia y vuestra riqueza no conseguiréis el beneficio correcto de vuestras oraciones, por mucho que recéis. De modo que cuando recéis, dejad que la mente se entregue completamente a Dios. Hijos míos, solo eso dará fruto.

En el mundo de la espiritualidad no hay ni nacimiento ni muerte. El día en el que desaparezca la idea de que hemos nacido habremos llegado a la puerta de Dios. El reino del Ser Supremo está más allá de la vida y la muerte.

Amma sólo ha aceptado estas celebraciones pensando en la felicidad de sus hijos. En este momento se expresan vuestra renuncia, amor y sentido de igualdad. Además, Amma tiene la oportunidad de veros a todos juntos.

Los que han venido no deben regresar sin haber hecho nada. Volved a casa solo después de repetir un mantra y meditar un ratito. La práctica espiritual es nuestra única verdadera riqueza y por eso Amma os pide que hagáis el *archana*[7].

Como Amma da gran importancia a la oración, algunos menosprecian nuestro camino diciendo que es devocional (*bhakti*). Consideran inferior la devoción. Algunas personas niegan la existencia de Dios. Para otras Dios no tiene ni forma ni atributos. Esas personas suelen pensar que la devoción es una debilidad. Es cierto que adorar a muchos dioses o espíritus malignos diferentes no es más que devoción ciega. La verdadera devoción nos enseña a ver al Ser Supremo único y omnipresente en nuestro interior y en todo.

Había un hombre al que todos alababan por su devoción. Una mañana temprano uno de sus amigos fue a verlo, pero al visitante le dijeron que el hombre estaba ocupado adorando al Señor *Ganesha*. Al cabo de un rato el visitante volvió a preguntar y se enteró de que en ese momento su amigo estaba haciendo una *puja* (un ritual sagrado) al Señor *Shiva*. El visitante se fue al patio y cavó un hoyo. Un rato después volvió a preguntar. Entonces su amigo estaba adorando a la Madre Divina. El visitante hizo otro hoyo. Cuando por fin el anfitrión salió después de haber realizado todas las diferentes pujas, se dio cuenta de que su patio estaba lleno de agujeros. Le preguntó a su amigo qué había sucedido. Su amigo le respondió:

—Quería un poco de agua. Si hubiese empleado el tiempo que tardé en hacer todos estos hoyos separados cavando en un único lugar habría encontrado mucha agua hace tiempo. Ahora lo único que he conseguido haciendo todos estos agujeros es perder tiempo y energía.

---

[7] Una forma de culto en la que se recitan los nombres de una deidad, normalmente ciento ocho, trescientas o mil veces, en una sola sesión.

El devoto comprendió lo que su amigo le estaba dando a entender. Si hubiera empleado el tiempo que gastaba rindiendo culto a distintos dioses concentrando la mente en una sola deidad habría alcanzado su meta hace mucho. Todos los dioses son el Dios único que habita en nuestro interior. El hombre abandonó su devoción inmadura y primitiva y se convirtió en un verdadero devoto.

La oración tiene un lugar excepcional en la práctica espiritual. La oración no es una debilidad. Si rezamos con fe y sinceridad podemos despertar el amor que se halla latente dentro de nosotros. Esto puede compararse con la técnica de pescar un pez alumbrando el agua con una luz.

La devoción es en realidad el discernimiento (viveka) entre lo eterno y lo transitorio. La devoción son las acciones que realizamos con la conciencia de lo que es eterno y lo que es perecedero.

Hay otra razón por la que la devoción es importante. Podemos avanzar rápidamente en nuestra práctica espiritual siguiendo la misma pauta que hemos mantenido hasta ahora en la vida. En la infancia encontramos la felicidad cuando nos sentamos en el regazo de nuestra madre. Un poco después hallamos la felicidad compartiendo nuestros placeres y tristezas con nuestros amigos. Cuando crecemos llega un esposo o una esposa para compartir nuestras penas. De ese modo, tendemos a mantener la mente centrada en una u otra persona a medida que pasamos por cada etapa de la vida. Así es como las personas encuentran la felicidad. Es posible que esas mentes no sean capaces de elevarse de inmediato al nivel del culto de un Ser Supremo sin forma; por eso es más práctico adorar a Dios con una forma.

Cuando surgen diferentes situaciones nos olvidamos de que Dios no tiene forma o atributos, aunque nos hayamos convencido de ello intelectualmente. Había un hombre que solía dejar su bote de tinta a la izquierda de su escritorio, y siempre que escribía mojaba la pluma en la tinta. Un día movió el frasco de tinta a la derecha del escritorio. Aunque sabía que tenía el frasco a su derecha, la mano se movía automáticamente hacia la izquierda para mojar la pluma, porque aquella costumbre de tanto tiempo se había convertido en parte de su naturaleza. Del mismo modo, todos nuestros hábitos nos devoran. Los hábitos no pueden cambiarse rápidamente.

Durante años nos hemos acostumbrado a apoyarnos en algo; pero seguir basándonos en patrones habituales de comportamiento puede en realidad ayudarnos en nuestra práctica espiritual: quizá sea más fácil lograr la pureza interior de esta forma que con cualquier otro método. Por eso Amma os aconseja que os refugiéis en vuestra deidad amada mientras avanzáis por la vida. Liberad la mente de su apego a la riqueza, la familia, los amigos, la posición, la fama, etc., y apegad la mente solo a Dios. Reorientad solo hacia Dios vuestro apego y devoción actuales a todas esas cosas.

Recitando el mantra de vuestra deidad amada podéis reducir el número de pensamientos de vuestra mente de cien a diez. Cuanto más lo recitéis más se calmará la mente y más transparente se volverá.

Igual que podéis ver el sol reflejado claramente en la superficie de un lago sin olas, podéis ver claramente la forma del Ser Supremo en vuestra mente cuando está absolutamente quieta. Este no es un camino de debilidad, ni es primitivo. Es un atajo hacia la meta final.

Amma no insiste en que sigáis un camino determinado. Tenéis la libertad de elegir cualquier camino. No penséis que un camino es diferente o superior a otro. Todos los caminos llevan a la misma Verdad. Hay que respetar todos los caminos.

El *iddli*, el *dosha* y el *puttu*[8] son platos distintos, pero todos se hacen con arroz. Podemos elegir el que más se ajuste a nues-

---

8 Platos tradicionales indios.

tro gusto y capacidad digestiva. Todos esos platos nos quitan el hambre. Del mismo modo, las personas pertenecen a diferentes culturas y tienen gustos diferentes. Los maestros espirituales han propuesto distintos caminos apropiados para diferentes gustos. Aunque los caminos puedan parecer diferentes su esencia es la misma y todos llevan a la misma meta.

El servicio es el pasaporte hacia Dios

Amma ve muchos cambios en sus hijos en comparación con el año pasado. Varios de vosotros habéis dejado de fumar, de beber y los lujos; pero no todos lo habéis hecho. El año que viene Amma quiere ver esos cambios en el doble de vosotros. Ese sí que sería un verdadero regalo de cumpleaños.

Algunos de vosotros venís aquí desde lejos. Tenéis que ir en varios autobuses y tomaros muchas molestias para llegar al *ashram*; pero aún así parece que no tenéis paciencia para quedaros aquí ni un momento. Hay otros a los que, cuando llegan aquí, les interesa el cotilleo y fumar. Algunos incluso llegan borrachos. Hijos míos, cuando vengáis al *ashram* habiendo gastado dinero en ello y habiéndoos tomado todas esas molestias, debéis concentraros en Dios. Mientras estéis aquí debéis intentar llevar la mente hacia el interior, meditar y repetir vuestro mantra en soledad. Queridos hijos míos, debéis tener una actitud de oración y de servicio desinteresado. Tenéis que alejar vuestro egoísmo primitivo.

Sabéis que la dicha no reside en los objetos. La dicha está en vuestro interior. Cuando buscamos la felicidad en los objetos externos perdemos nuestra fuerza. La auténtica felicidad no procede de esas cosas. Si la verdadera felicidad pudiera encontrarse en el alcohol o en las drogas no habría ninguna razón para que quienes los utilizan acabaran en hospitales psiquiátricos. Como piensan que la felicidad se encuentra en el exterior siempre acaban llorando de dolor. Los que fuman pueden ver claramente la advertencia en el paquete de cigarrillos: "Fumar perjudica su salud". Sin embargo, aún después de leer esas palabras encienden un cigarrillo y fuman. Se han vuelto esclavos de su hábito. Son débiles. Una persona valiente se mantiene firme en su propia fuerza. Depender de otras cosas no es una señal de valentía: es esclavitud. La peor clase de cobardes y debiluchos son los que se preocupan de lo que los demás puedan pensar si no fuman o beben.

Queridos hijos míos, muchas personas que viven en la miseria luchan por su siguiente comida o muda de ropa. Innumerables niños dejan el colegio porque no pueden pagar la matrícula. Muchos pobres viven en casas con goteras porque no tienen los medios necesarios para construir un tejado nuevo. Y hay muchísimas personas que sufren y se retuercen de dolor porque no pueden permitirse comprar las medicinas que podrían aliviarles. El dinero que la gente gasta en alcohol y drogas, que arruinan por completo su salud y su vida, sería suficiente para ayudar a los pobres que sufren.

La compasión que mostráis por los que sufren: ese es vuestro verdadero amor a Amma. Cultivad una actitud de servicio a los demás, sacrificando incluso vuestras propias comodidades para hacerlo. Entonces Dios vendrá corriendo a vosotros y os abrazará.

Hijos míos, no es posible llegar a Dios solo rezando. No podéis partir en el viaje a la Liberación sin el pasaporte del servicio desinteresado. Solo los que realizan acciones desinteresadas están capacitados para llegar a Dios, para alcanzar la Meta de la Liberación.

La práctica constante es esencial

A pesar de repetiros constantemente que la dicha se encuentra en vuestro interior y que no es algo que haya que buscar en el exterior, Amma sabe que no podréis absorber plenamente esa verdad hasta que la experimentéis.

Una madre y su hijo vivían en una casa infestada de ratones. El hijo empezó a pensar en formas de matar a todos los ratones.

Primero pensó en hacerse de un gato, pero después llegó a la conclusión de que sería mejor una trampa para ratones. No tenía dinero suficiente para comprar una trampa para ratones, así que decidió que él mismo la construiría. Empezó a preparar los materiales. Mientras trabajaba, el chico empezó a sentir de repente que él mismo se estaba convirtiendo en un ratón. La sensación se hizo muy fuerte. Empezó a temblar de miedo al imaginarse que un gato lo atrapaba. Su madre se dio cuenta de que lo invadía el pánico y le preguntó qué iba mal. Él dijo:

—¡Viene el gato!

—¿Y qué? —le preguntó su madre.

El aterrado niño respondió:

—¡Soy un ratón! ¡Si el gato me ve me va a comer!

Una y otra vez su madre trató de tranquilizarle diciendo:

—Hijo, seguro que no eres un ratón.

Pero él seguía con su miedo e insistiendo en que era un ratón. Por fin, lo llevó al médico. El doctor dijo:

—No eres un ratón. Mírame. Mira a esas personas. ¿En qué eres diferente de ellas?

Llevó al chico delante de un espejo y su miedo desapareció. El chico se fue caminando a casa con su madre. Cuando se acercaban a la casa, un gato cruzó corriendo la carretera. En cuanto vio el gato, el estado de ánimo del chico cambió. Gritó:

—¡Oh, no! ¡Ahí hay un gato!

Y corrió a esconderse detrás de un árbol. Su madre lo llevó directamente de vuelta al médico. El doctor dijo:

—¿No te expliqué que eres un ser humano y no un ratón? Entonces, ¿cómo puedes asustarte todavía cuando ves un gato?

El chico contestó:

—Doctor, yo sé que soy un ser humano y no un ratón, pero el gato no lo sabe.

Hijos míos, por mucho que estudiemos las escrituras, o por muchas veces que nos digamos que tenemos la fuerza necesaria para superar cualquier problema, si no hemos controlado totalmente nuestra mente flaquearemos cuando afrontemos dificultades. Podemos oír innumerables veces que no somos el cuerpo, la mente o el intelecto, que somos la encarnación de la dicha; pero lo olvidamos cuando tropezamos con los problemas más triviales. Por eso, la práctica constante es esencial si queremos ser fuertes ante las dificultades. Tenemos que entrenar la mente para mantenernos constantemente en esa conciencia. Hay que entrenar la mente para apartar de nuestro camino todos los obstáculos con el convencimiento de que no somos corderos sino cachorros de león. Por mucho dolor que nos llegue, debemos entregarnos a Dios y actuar sin temor. Es mucho mejor entregarlo todo a los pies de Dios y lanzarnos a la acción con valentía que desperdiciar nuestro tiempo y arruinar nuestra salud lamentándonos. Las circunstancias no pueden cambiarse sucumbiendo a la aflicción o lamentándose en voz alta. Entonces, ¿por qué entregarnos a la tristeza? Si hay una herida hay que aplicar un ungüento curativo en lugar de limitarse a llorar. Del mismo modo, lo que hay que hacer en cualquier crisis es buscar un remedio sin flaquear.

Hijos míos, si no podéis controlar completamente vuestra tristeza, meditad y recitad un mantra durante un rato o leed algún texto de las escrituras. Atad la mente a alguna tarea que os guste en lugar de dejarla deambular. Entonces vuestra mente se calmará. De esa forma no perderéis el tiempo ni arruinaréis vuestra salud.

Cuando un coche o un edificio están asegurados, el propietario no se preocupa porque sabe que, en caso de accidente, la compañía de seguros le reembolsará los daños. De igual modo, los que realizan acciones con la mente entregada al Ser Supremo no tienen nada que temer. En cualquier crisis Dios estará allí para ayudarnos. Nos protegerá y nos guiará.

Cómo dar con un fin benéfico

Hijos míos, sentir compasión por los pobres, sentir que el corazón se enternece por el dolor ajeno, deben ser nuestra inspiración para servir. Si trabajamos un poco más tiempo aunque nos sintamos agotados, ese esfuerzo ofrecido desinteresadamente sin esperar nada a cambio demostrará nuestro sentido de dedicación a nuestro trabajo. Si utilizamos el dinero que recibamos por ello para ayudar a los pobres, será una señal de compasión. Hijos míos, no basta solo con rezar. También tenemos que hacer buenas acciones.

Para conseguir un empleo no bastan los títulos de estudios. También necesitamos referencias. No conseguimos *payasam* solo vertiendo arroz en una de agua e hirviéndola. Tenemos que añadir azúcar morena y coco rallado. Solo combinando los ingredientes adecuados obtenemos el *payasam*. Del mismo modo, solo rezar no nos convierte en aptos para recibir la gracia divina. El servicio desinteresado, la renuncia, la entrega y la compasión son todos imprescindibles.

Había una vez un hombre que, aunque era muy rico, no tenía paz mental. Pensaba que si pudiera llegar al cielo sería siempre feliz, y pidió consejo a muchas personas sobre cómo llegar al cielo. Finalmente se encontró con un monje que le dijo:

—Puedes alcanzar el cielo haciendo obras benéficas; pero no debes juzgar a quienes reciban tu ayuda y debes dar tu dinero generosamente.

El rico compró muchas vacas, que pensaba regalar. No tuvo que gastarse mucho dinero, porque compró vacas viejas que nadie más quería comprar. El monje le había dicho que no contara el dinero que diera, así que cambió algo de dinero en monedas pequeñas para que cuando lo diese a puñados no fuese mucho. Anunció la fecha del acto benéfico por anticipado. El monje conocía bastante bien al hombre rico. Le preocupaba que sus acciones, realizadas con la esperanza de llegar al cielo, lo llevasen en cambio al infierno, y decidió intentar salvarlo. Se disfrazó de mendigo y se puso en la cola de las personas que esperaban recibir los donativos benéficos. Recibió un puñado de monedas y una vaca que no era más que un saco de huesos, demasiado débil para caminar. Cuando hubo recibido esas cosas el monje le regaló al rico un cuenco de oro. El rico estaba contentísimo pensando que había recibido a cambio algo mucho más valioso que lo que él había dado. El monje disfrazado le dijo al hombre:

—Tengo que pedirte una cosa. Por favor, devuélveme el cuenco cuando lleguemos al cielo.

El rico se quedó boquiabierto.

—¡Devolvértelo cuando lleguemos al cielo! ¿Cómo va a ser posible? Tenemos que morirnos antes de llegar al cielo. ¿Cómo vamos a llevarnos todas esas cosas? Cuando muramos ninguno de estos objetos vendrá con nosotros.

El rico empezó a pensar en lo que él mismo acababa de decir, que nada nos acompañará más allá del umbral de la muerte. Y su mente alcanzó la sabiduría. Pensó: "Cuando morimos no podemos llevarnos ninguna riqueza. Entonces, ¿por qué estoy siendo tan avaro con esta pobre gente? ¡Qué pecador soy por haber sido tan tacaño!" El rico cayó a los pies del santo que le había abierto los ojos. Pidió perdón por las malas acciones que había hecho a sus semejantes. Se desprendió de su riqueza sin el menor arrepentimiento. Al hacerlo experimentó una dicha que jamás había sentido antes en toda su vida.

Hijos míos, aunque muchos de nosotros hacemos regalos a los demás, la mayoría somos tacaños a la hora de dar. Recordad esto, hijos míos: por muy ricos que podamos ser ninguno de nuestros tesoros permanecerá con nosotros para siempre. De modo que, ¿por qué ser tacaños? Debemos hacer todo lo que podamos para ayudar a los que sufren. Esa es la verdadera riqueza. Ese es el camino de la paz y la tranquilidad.

Hijos míos, debemos entregarle la mente a Dios. Eso no es fácil, porque la mente no es un objeto que sencillamente podamos agarrar y dar. Sin embargo, cuando entregamos algo a lo que la mente está apegada, eso equivale a entregar la mente. En la actualidad la mente de la mayor parte de las personas está apegada sobre todo a la riqueza, más aún que a sus seres queridos. Muchos incluso están dispuestos a deshacerse de sus padres sabiendo que solo conseguirán su parte de la propiedad familiar después de la muerte de estos. Y si se enteran de que su parte de la propiedad será más pequeña de lo esperado podrían hasta presentar una demanda contra sus padres. Su amor a la propiedad es más fuerte que su amor a sus padres.

Cuando damos la riqueza a la que nuestra mente está apegada estamos en realidad entregando nuestra mente. Solo las oraciones que fluyen de un corazón que ha adquirido esa actitud de entrega darán fruto. Dios no necesita nuestra riqueza y nuestro prestigio. El sol no necesita la luz de una vela. Nosotros somos los que nos beneficiamos de nuestra propia entrega. Mediante nuestra entrega nos volvemos aptos para recibir la gracia de Dios. Entonces podremos disfrutar para siempre de la dicha. Nuestra riqueza mundana desaparecerá antes o después, sin lugar a dudas; pero si colocamos a Dios en su lugar nos convertiremos en los dueños de una dicha eterna.

Las cosas pequeñas pueden robarnos nuestro control mental. En consecuencia, perdemos la concentración cuando trabajamos y somos incapaces de demostrar amor alguno a nuestra familia y nuestros amigos. Poco a poco surge en nosotros la amargura y el odio por todo lo que hay en la vida. No podemos dormir por nuestra falta de paz interior. Llegamos a un estado en el que no podemos dormir sin la ayuda de pastillas. ¡Cuántos ejemplos como este pueden verse a nuestro alrededor! Con autentica fe en Dios, repetición de mantra y oración podemos adquirir fuerza suficiente para enfrentarnos a cualquier situación sin flaquear. Entonces podremos hacer cualquier cosa con plena atención, tanto si las circunstancias son favorables como si no. Por eso, hijos míos, sin desperdiciar ni un momento, recitad vuestro mantra y realizad vuestras acciones desinteresadamente. Esas son las cosas que nos llevan a la paz y la armonía.

Ved solo lo bueno en todo

Hijos míos, si realmente amáis a Dios tenéis que dejar de criticar. Dios nunca habitará en una mente criticona. Intentad no criticar a nadie. Recordad que solo encontramos defectos en los demás porque en nosotros hay defectos.

Había una vez un rey que le pidió a cada uno de sus súbditos que hiciera una escultura y se la trajera. El día señalado muchas personas acudieron a su palacio con sus esculturas. El rey le pidió a su ministro que juzgara cada escultura y concediese un premio según sus méritos; pero el ministro no tenía ni una sola cosa buena que decir de ninguna de las esculturas. Según él todas tenían uno o varios defectos. Le dijo al rey:

—Ninguno de tus súbditos ha realizado una obra de arte digna de elogio.

Las palabras del ministro no le gustaron al rey, que le respondió gravemente:

—Todas estas personas han creado algo según su capacidad y conocimiento. Es verdad que ninguno de ellos ha creado una obra maestra, y tenemos que tenerlo en cuenta cuando evaluemos su trabajo. En este mundo nada es perfecto o completo; siempre habrá algún defecto en todo. Pero el hecho de que no puedas encontrar ni una sola escultura que tenga ninguna cualidad merecedora de un pequeño premio me dice que no estás capacitado para ser ministro.

El rey relevó al ministro de su puesto. Así que el que solo pudo ver faltas en los demás perdió su trabajo. Hijos míos, seguro que hay algo bueno en todo, pero tenemos que tener los ojos adecuados para verlo.

Cuando los que intentan ver sólo lo bueno en los demás recitan un mantra solo una vez, obtienen el beneficio equivalente a recitar el mantra diez millones de veces. El corazón de Amma se enternece cuando piensa en esas personas. Dios les dará cualquier cosa que necesiten.

Amma cantando bhajans el día de su cumpleaños.

Uníos en el amor

Mensaje de cumpleaños de Amma, 1992

Hijos míos, el alma ni nace ni muere. Incluso el pensamiento de que nacemos debe morir. La finalidad de nacer como un ser humano es darse cuenta de esto. Os podéis preguntar: Si es así, ¿por qué Amma ha accedido a esta celebración? Bueno, porque a Amma le hace feliz veros a todos juntos aquí. Le da la oportunidad de veros a todos sentados juntos recitando el mantra divino. La recitación en grupo es especialmente importante. También os hará felices a todos ver cumplido vuestro deseo de celebrar este día. Amma se siente dichosa al ver a sus hijos felices. Además, hoy es el día de la renuncia. Aquí no tenéis las comodidades de las que disfrutáis en casa. Trabajáis sin descanso en nombre de Amma sin comer ni dormir. Os dedicáis a un trabajo que consuela y da paz a los que sufren. Hijos míos, esas son las acciones que despiertan el Ser (*Atman*).

Es verdad que podríamos ayudar a muchos pobres con el dinero que se gasta en estas celebraciones; pero en las circunstancias actuales no podemos simplemente deshacernos de esta clase de celebraciones. Añadimos cobre al oro puro para volverlo apto para hacer adornos. Para elevar a las personas hay que empatizar con ellas. Hijos míos, si Amma comete algún error, por favor, perdonad a Amma.

Hijos míos, antes todos habéis recitado *Om Amriteshwaryai Namah*. Hijos míos, esa diosa es la esencia del néctar del Ser Inmortal (*atmamrita*) que reside en el loto de mil pétalos que está en la coronilla. Eso es lo que tenéis que alcanzar, y no este cuerpo de metro y medio. Descubrid vuestro propio poder interior.

Descubrid la dicha dentro de vosotros. Ese es el verdadero significado de la recitación.

Pedid devoción

Hijos míos, cuando surja en vosotros el amor a Dios no podréis pensar en ninguna otra cosa. Si la gente se queja, diciendo "¡Cuántos años llevo yendo al templo a hacer *puja* y pedirle ayuda a Dios! ¡Y, sin embargo, nunca, en ningún momento, he estado libre de dolor!", todo lo que Amma les dirá a esas personas es que en realidad no le han pedido ayuda a Dios en absoluto, porque su mente estaba llena de otras cosas. Los que aman a Dios no conocen la tristeza. En la vida de los que están totalmente absortos en su amor a Dios sólo hay dicha. ¿De dónde sacan esas personas tiempo para pensar en su propio dolor o en otros problemas? Solo ven a su deidad amada en todas partes y en todo. Si le rezamos a Dios solo debe ser por amar a Dios y no para obtener cosas materiales.

Al pensar en el amor a Dios Amma se acuerda de la historia de la esposa de *Vidura*. Tanto *Vidura* como su esposa eran fervientes devotos del Señor *Krishna*. Una vez *Vidura* invitó al Señor *Krishna* a su casa. Él y su esposa esperaban ansiosamente el día de la visita del Señor. No pensaban en nada más que en *Krishna*. Pensaban en cómo recibirle, qué ofrecerle, lo que le iban a decir, etc. Por fin llegó el día. Hicieron todos los preparativos para la visita del Señor. Se acercaba la hora de la llegada de *Krishna*. La esposa de *Vidura* fue a darse un baño antes de que llegara el Señor. *Krishna* llegó mientras se bañaba, antes de lo esperado. Una criada fue a informarle de la llegada del Señor. La esposa de *Vidura* salió corriendo, gritando:

—¡*Krishna*! ¡*Krishna*!

Y se acercó al Señor. Se le había olvidado que acababa de estar bañándose. Le trajo fruta al Señor y le preparó un asiento. Y mientras hacía todo eso recitaba continuamente:

—¡*Krishna*! ¡*Krishna*!

En su estado de devoción no era consciente de nada más. Acabó sentada en el asiento que era para el Señor mientras él se sentaba en el suelo. No era consciente de nada de eso. Peló un plátano. Tiró la pulpa y amorosamente le ofreció la piel al Señor. Él se quedó allí sentado sonriendo y saboreó la piel. Entonces *Vidura* entró en la habitación. Se quedó consternado al ver la escena. Su esposa estaba sentada completamente desnuda y empapada en el asiento de *Krishna* mientras había hecho que el Señor se sentara en el suelo. No podía creer lo que veían sus ojos. ¡Estaba tirando el plátano y dandole a *Krishna* la piel para comer! Y *Krishna* estaba disfrutando de todo eso como si no estuviera pasando nada extraño.

Vidura estaba furioso:

—Oh, malvada, ¿qué crees que estás haciendo? —le gritó a su esposa.

Solo entonces ella volvió en sí y se dio cuenta de lo que había hecho. Salió corriendo de la habitación y al cabo de un rato regresó con ropa recién lavada. Ella y *Vidura* sentaron al Señor en su silla y adoraron sus santos pies como habían planeado. Le ofrecieron las numerosas exquisiteces que habían preparado. Ella escogió un bello plátano, lo peló con cuidado y se lo ofreció. Cuando todo hubo terminado, *Krishna* dijo:

—Aunque realizasteis todos esos rituales exactamente según la tradición, no pudieron igualar el recibimiento que tuve cuando llegué. Lo que me disteis después no igualó el sabor de la piel de plátano que recibí al principio.

La razón era que la devoción había hecho que la esposa de *Vidura* se olvidara completamente de sí misma mientras le ofrecía la piel del plátano.

Hijos míos, esa es la clase de devoción que hay que tener. Debemos olvidarnos de nosotros mismos en presencia de Dios. Entonces ya no hay ninguna dualidad, no hay ni "tú" ni "yo". Y entonces no hacen falta los rituales. Todos los rituales están destinados a ayudarnos a librarnos de nuestro sentido de dualidad. De modo que esa es la clase de amor que debemos tener por Dios. En nuestros corazones no debe haber lugar para nada más que Dios. Un río está limitado por dos orillas, pero el lecho del río solo es uno. Del mismo modo, aunque hablemos de Dios y del devoto, o del maestro y del discípulo, el amor es lo que nos lleva al principio unificador del Ser. Por eso, hijos míos, vuestra oración a Dios debe ser: "Haz que Te ame y que me olvide de todo lo demás". Esa es la riqueza duradera de la vida, el manantial de la dicha. Si adquirimos una devoción así habremos tenido éxito en la vida.

La compasión, el primer paso de la espiritualidad

Hijos míos, cuando Amma habla de la necesidad de devoción a Dios no se refiere sólo a la oración. El amor a Dios no significa solo sentarse en algún lugar y llorar por Dios. Debemos ser capaces de percibir la presencia de Dios en todos los seres vivos. Nuestra sonrisa y nuestra bondad con los demás también muestran nuestro amor y devoción a Dios. Cuando abrimos el corazón a Dios con devoción estas cosas suceden espontáneamente. Entonces no nos enfadaremos ni seremos desconsiderados con nadie.

Un pobre cayó enfermo y no podía trabajar. No tuvo nada que comer durante unos días y se quedó muy débil. Acudió a varias personas y les pidió algo de comida, pero nadie le prestó la menor atención. Llamó a muchas puertas, pero todos le dijeron que se marchara. El pobre se quedó sumamente abatido. Sentía que no quería vivir en un mundo donde las personas son tan crueles y decidió acabar con su vida; pero tenía mucha hambre. Pensó: "Si tan solo pudiera calmar mi hambre moriría en paz". Decidió pedir comida una sola vez más. Fue a una cabaña en la que vivía una mujer. Para su sorpresa ella le pidió amablemente que se sentara y entró en la cabaña para traerle algo de comida. Pero en la cabaña ella descubrió que la olla que contenía la comida estaba boca abajo: el gato la había volcado y se había comido la comida. Salió otra vez y con gran pesar le dijo al hombre:

—Lo siento muchísimo. Tenía un poco de arroz y verduras en casa que esperaba darte, pero el gato se los ha comido. No queda nada. Tampoco puedo darte dinero porque no tengo. Por favor, perdóname por decepcionarte de esta forma.

El hombre le respondió:

—No, me has dado lo que necesitaba. Estaba enfermo. Les pedí comida a muchas personas, pero todas me dijeron que me marchara. Ninguna de ellas tuvo siquiera una palabra amable para mí. Pensaba que no podía vivir en un mundo como este y había decidido suicidarme; pero como no podía soportar el hambre decidí probar en otro lugar. Y por eso vine aquí. Aunque no haya conseguido nada de comida, tus palabras de amor me han colmado de felicidad. El que haya almas bondadosas como tú en este mundo es lo que da a las personas pobres como yo valentía para vivir. Gracias a ti no voy a suicidarme. Hoy es la primera vez que recuerdo haberme sentido feliz y satisfecho.

Hijos míos, aunque no tengamos nada material que dar, seguro que podemos ofrecer a los demás una sonrisa o una palabra bondadosa. Eso no nos cuesta mucho, ¿verdad? Basta con un corazón bondadoso; ese es el primer paso del camino espiritual. Una persona que hace esto no necesita ir a ningún lugar en busca de Dios. Dios vendrá corriendo al corazón que está lleno de compasión. Esa es la morada más querida por Dios. Hijos míos, una persona que no siente compasión por sus semejantes no puede llamarse un devoto.

Todos vosotros, hijos míos, habéis venido hoy aquí. Cuando estuvisteis aquí el año pasado hicisteis un voto. La mayoría de vosotros habéis cumplido vuestros votos. Muchos de vosotros habéis dejado de beber y fumar y habéis abandonado los lujos. También este año, si amáis a Amma y sentís alguna compasión por el mundo, debéis hacer un voto parecido de dejar vuestras malas costumbres. Pensad cuánto dinero desperdiciamos en alcohol, cigarrillos, ropa cara y lujos. Hijos míos, debéis tratar de reducir al máximo vuestras compras de esas cosas. El dinero que ahorréis así podrá utilizarse para ayudar a los pobres. Hay chicos muy inteligentes que tienen que interrumpir sus estudios porque no pueden permitirse pagar las tasas universitarias. Podéis ayudarles pagando sus tasas. Podéis ayudar a las personas sin hogar. Y hay tantas personas enfermas que sufren porque no pueden permitirse comprar las medicinas que necesitan... Podéis comprarles medicinas. Hay muchas maneras diferentes en las que podemos ayudar a los demás. El dinero que desperdiciamos ahora bastaría para ayudar a los demás. Servir a los necesitados es la verdadera adoración de Dios. Esa es la clase de *pada puja*[9] que hace que Amma esté feliz y contenta. Recemos al Todopoderoso para que vuelva compasivos nuestros corazones.

---

[9] La adoración de los pies de Dios, el *Guru* o un santo.

La Madre Naturaleza protege a los que la protegen a Ella

Mensaje de cumpleaños de Amma, 1993

Los devotos que se reunieron en Amritapuri procedentes de todas las partes del mundo para celebrar el cuarenta cumpleaños de Amma querían sentir la bendición de hacerle una pada puja ese día tan propicio. En la sombría atmósfera creada por un terremoto que acababa de suceder en la región del medio oeste de la India, Amma era muy reacia a aceptar una pada puja o cualquier otra clase de celebración. Finalmente cedió ante las sinceras peticiones de sus hijos. A las ocho de la mañana Amma llegó al estrado situado en la parte sur del espacioso pandal (construcción tradicional en forma de tienda) que había sido construido en el terreno del ashram. Después de una pada puja muy bella y profundamente devocional, Amma quería consolar a la multitud de devotos que no habían conseguido encontrar un lugar cómodo para sentarse en el pandal. Dijo:

—Hijos míos, intentad sentaros en cualquier lugar en que podáis encontrar un hueco. Amma sabe que no todos habéis podido encontrar un lugar adecuado. Por favor no os entristezcáis por ello, hijos míos. La mente de Amma también está muy cerca de aquellos hijos que están de pie lejos. Está lloviznando un poco, así que pronto entraremos en el auditorio.

Entonces Amma inició su mensaje de cumpleaños:

Hijos míos, aceptar hoy esta *puja* es el mayor error de la vida de Amma. Amma ha dicho cien veces que no hacía falta una *puja*. Por el contrario, debería estar sirviéndoos, porque ahí es donde reside la felicidad de Amma. Ella está sentada aquí solo para haceros felices. En la gira por Estados Unidos [dos meses antes] Amma dijo que este año no haría falta ninguna celebración para su cumpleaños.

El corazón de Amma estaba triste. Pensad solo en lo que ha pasado hoy. Cadáveres en estado de descomposición y miles de supervivientes en duelo. No hay forma de proteger a los supervivientes o de incinerar a los muertos. No hay gente suficiente para ayudarles. Amma quiere ir corriendo a aquel lugar. Ya les ha pedido a algunos de sus hijos que vayan allí. Pensad en todas esas personas que sufren por la pérdida de sus seres queridos y de sus pertenecías.

La situación no afecta solo a la India. De una u otra forma está sucediendo en todas partes. Amma no está pensando en los que han muerto: ya se han ido. Pero hay miles de personas que están sufriendo y que sienten dolor. Ellos son los que le preocupan a Amma. A esos es a los que tenemos que salvar. Lo que tenemos que garantizar es su seguridad. Hijos míos, debéis esforzaros para ello.

Proteged la naturaleza

¿Por qué nos causa la tierra todo este dolor? Pensad en ello, hijos míos. Pensad en todo el sacrificio que hace la Madre Naturaleza y en cómo se sacrifican los ríos, los árboles y los animales por nosotros. Mirad un árbol. Nos da fruta, sombra y frescor. Le da sombra hasta al que lo está talando. Esa es la actitud de los árboles. Del mismo modo, podemos examinar todo lo que hay en la naturaleza y observar cómo realiza un enorme sacrificio por la humanidad. Pero, ¿qué estamos haciendo nosotros por la naturaleza? Se nos dice que debemos plantar un árbol joven cada vez que talamos un árbol; pero, ¿cuántos siguen este consejo? E, incluso si lo hacen, ¿cómo puede mantenerse la armonía de la naturaleza con un árbol joven? Un árbol pequeño no puede darle a la naturaleza la misma fuerza que un árbol grande. ¿Puede un niño pequeño hacer el trabajo de un adulto? Mientras el adulto lleva una cesta llena de tierra, el niño lleva una cucharadita. Hay una gran diferencia.

¿Para limpiar un bidón de agua basta con añadir tan solo un miligramo de purificador de agua en lugar de los diez prescritos? Ese es el estado de conservación de la naturaleza hoy en día. La naturaleza está perdiendo su armonía. La brisa suave y fresca que debería acariciarnos se ha convertido en un enorme tornado. La tierra que nos ha estado sosteniendo hasta la actualidad ahora nos está arrastrando al infierno.

Sin embargo, la naturaleza no tiene la culpa. Estamos recogiendo los frutos de nuestra propia falta de rectitud. Es como el hombre que se gana la vida vendiendo féretros y al final termina dentro de una de sus propias creaciones. Estamos cavando nuestra propia tumba. Ahora todo el mundo está asustado. Nos vamos a la cama por la noche sin saber si nos despertaremos por la mañana. Hijos míos, proteger la naturaleza debe ser nuestra principal prioridad. Solo entonces tendremos oportunidad de sobrevivir. Tenemos que dejar de destruir la naturaleza por dinero, por nuestros fines egoístas. Al mismo tiempo, todos vosotros debéis tratar de plantar árboles, al menos en una parcela pequeña de tierra cerca de vuestros hogares.

Los antiguos sabios nos dijeron que adorásemos los árboles. De esta forma nos enseñaron la importancia de conservar la naturaleza. Cultivar flores para el culto en nuestros jardines, recoger esas flores y ofrecérselas a Dios, encender una lámpara de aceite hecha de bronce: todo eso purifica el ambiente. En la actualidad el aire ya no está impregnado de la fragancia de las flores o de la esencia de una mecha ardiendo en una lámpara de aceite. Por el contrario, lo que tenemos es el hedor del humo venenoso de las fábricas. Si hace tiempo la esperanza de vida del ser humano era de ciento veinte años, ahora se ha reducido a sesenta u ochenta años. Y cada vez hay más enfermedades nuevas. Esas enfermedades se atribuyen a "virus", pero nadie conoce su verdadera causa. La atmósfera está contaminada, las enfermedades van en aumento, nuestra salud se está deteriorando y nuestra esperanza de vida está disminuyendo: así van las cosas. Intentamos crear el cielo en la tierra, pero, en cambio, esta tierra se está convirtiendo en el infierno. Queremos comer cosas dulces, pero no podemos debido a las enfermedades. Por la noche queremos ver una actuación de danza, pero no podemos quedarnos despiertos, también por las enfermedades. De esa forma, los seres humanos no pueden satisfacer sus deseos en la vida. La humanidad no puede deshacer el nudo que ha hecho. Casi nadie piensa en cómo acabará todo esto o en cómo resolver la situación. Y, aunque alguien piense en una solución, nada se pone en práctica.

Cuando cultivamos plantas con flores, cortamos las flores y se las ofrecemos a Dios, se purifican tanto nuestro corazón como la naturaleza. El devoto recita un mantra mientras riega la planta, recoge las flores y hace una guirnalda. Recitar un mantra reduce el número de pensamientos de la mente y la mente se purifica. Pero hoy en día la gente rechaza todo esto por supersticioso. Ponemos nuestra fe en cosas perecederas, hechas por el hombre, como los ordenadores y los televisores. Ya no confiamos en las palabras de los sabios iluminados. Cuando se produce un problema en el coche o el ordenador la gente está dispuesta a trabajar duro el tiempo que haga falta para repararlo o a esperar a que terminen las reparaciones. Pero, ¿qué estamos haciendo para eliminar la falta de armonía de la mente?

Un centro para entrenar la mente

Hijos míos, si la mente está equilibrada y afinada todo estará en armonía y afinado. Si la mente pierde su equilibrio, todo en la vida estará desafinado. Los *ashrams* son centros en los que las personas pueden entrenarse de tal manera que no haya falta de armonía.;

pero en la actualidad hay personas predispuestas a calumniar y ridiculizar los *ashram*s y la vida espiritual.

Hace poco se estrenó una película en la que se ridiculizaban los *ashram*s en general. A algunos devotos les molestaron los comentarios de los que habían visto la película. Los devotos se quejaban de que la gente expresara su opinión sin molestarse por averiguar la verdad. No hay ninguna historia de *ganja* (hachís) incautado en ningún *ashram* de *Kerala*. La gente está dispuesta a creer ciegamente cualquier relato ficticio, cualquier cuento escrito para una película de ficción, y desprecia las palabras de los mahatmas (grandes almas). Esas personas se denominan orgullosamente intelectuales. No tienen fe en lo que pueden ver por sí mismos en un *ashram*, sino en las historias inventadas que se cuentan en una película. Muchas personas han empezado a difamar los *ashram*s después de haber visto esa película en concreto; pero esos intelectuales no están dispuestos a informarse sobre la situación real.

Supongamos que alguien se acerca a una persona y le dice: "Te vi yacer muerto. Y también me dijeron como habías muerto". Y eso se le dice a una persona que esta completamente viva. Eso es lo que sucede en la actualidad. La gente no se fía de lo que está viendo. Para ellos es más importante lo que ven en las películas y oyen en las historias. Parte del trabajo de un narrador es tomar lo que tiene en la imaginación y representarlo como real. Esa es la naturaleza de la literatura de ficción. Los escritores ganan dinero de este modo y se vuelven famosos. Escribirán lo que haga falta para lograrlo. Así es como los escritores y los productores ganan dinero y viven en el lujo; pero las personas espirituales son diferentes. Su vida está llena de desinterés.

Amma no está criticando el arte. El arte es necesario. Todas las formas de arte tienen su importancia; pero los artistas no deben intentar destruir nuestra cultura. El arte debe crearse para elevar a la humanidad. El arte debe ensancharnos la mente y no convertir a las personas en animales. ¿El que haya unos pocos charlatanes significa que toda la ciencia de la medicina está equivocada y que todos los médicos son unos matasanos? Propagar esas ideas es traicionar a la sociedad. Las únicas obras de arte que benefician a los individuos y a la sociedad son las que nos enseñan a percibir el lado bueno de todo.

Los visitantes de este *ashram* conocen a los que viven aquí y trabajan duro noche y día. Se esfuerzan, pero no para poder disfrutar de comodidades o darles algo a sus hijos o a sus familias. Trabajan duro por el mundo. Se los puede ver transportando arena incluso a medianoche para cubrir una tierra anegada y poder así construir un lugar en el que nuestros visitantes puedan dormir. Solo por su duro trabajo, realizado a menudo sacrificando la comida y el sueño, Dios ha hecho posible que hagamos tanto servicio en tan poco tiempo. Los seglares también hacen todo el servicio desinteresado que pueden. Y así seguimos todavía ahora. Las personas espirituales de los distintos *ashram*s se dedican a servir al mundo. No hacen nada por su propio interés egoísta. Cuando los jóvenes oyen hablar ahora de los *ashram*s piensan en el *ashram* de *Rajneesh*[10]; pero su *ashram* era para la sociedad occidental. Daba consejo a los que dependían de las drogas y otros estupefacientes. Descendió a su nivel.

Al comer naranjas no se disfruta igual con la séptima que con la primera. A medida que se sigue experimentando lo mismo surge una aversión y así se da uno cuenta de que la verdadera felicidad no puede hallarse en ningún objeto. Entonces se empieza a buscar la fuente de la verdadera felicidad.

Un perro está mordiendo un hueso. Cuando sale sangre el perro cree que procede del hueso. Finalmente el perro se desploma

---

[10] *Shree Rajneesh* (1931-1990), también llamado *Osho*, nació en *Madhya Pradesh*, en la India, y tuvo un *ashram* en Oregón (Estados Unidos) en los años ochenta del siglo pasado. Sus enseñanzas se consideraban polémicas.

por toda la sangre que ha perdido. Solo entonces se da cuenta de que la sangre no venía del hueso sino de sus propias encías heridas. A eso se parece la experiencia de buscar la felicidad en las cosas exteriores.

Eso es lo que *Rajneesh* dice también. Sin embargo, su método de enseñanza es muy distinto del de los antiguos sabios. Su filosofía no es para la gente de la India, y tampoco estamos de acuerdo con su filosofía; pero hay que decir que él lo hacía todo abiertamente. No ocultaba nada. Sin embargo, es difícil cultivar el desapego mediante la excesiva satisfacción. Amma no está diciendo que sea imposible, pero el desapego que se obtiene mediante el disfrute es temporal. De modo que tenemos que cultivar conscientemente una actitud de desapego hacia las cosas mundanas. Nos puede gustar el *payasam* (un plato dulce de arroz); pero si comemos mucho nos saciaremos, y después querremos el doble. De este modo, nunca podremos apartarnos de los placeres sensoriales intentando satisfacerlos permanentemente. Solo adoptando conscientemente una actitud de desapego podemos alejarnos de las cosas mundanas. Este es el método de Amma. Pero en la actualidad hay muchas personas que no siguen este camino indicado por los antiguos sabios; siguen, por el contrario, el camino aconsejado por *Rajneesh*. Y después se juzga a todos los *ashram*s sobre esa base. Los que critican no tienen ojos para ver el duro trabajo y la renuncia de las personas del *ashram* de Amma. Incluso en Occidente los hijos occidentales de Amma están trabajando. Hacen su propia comida porque comer fuera cuesta mucho dinero. Trabajan duro, ahorran dinero y lo gastan aquí en proyectos de servicio desinteresado. Así que debemos intentar averiguar la verdad en lugar de verter opiniones formadas viendo películas y leyendo revistas.

En el mundo de hoy hay tres grupos de personas. El primer grupo lo forman las personas más pobres que no tienen nada. Amma conoce a muchas personas así que vienen aquí. Ni siquiera tienen una prenda de vestir decente y vienen con ropa prestada. Innumerables personas pasan apuros porque no pueden permitirse poner paja en sus tejados, o recibir tratamiento cuando están enfermos, o pagar unos estudios. Ellos mismos no saben cómo logran sobrevivir cada día. Después está el segundo grupo de personas. Tienen un poco de dinero, que más o menos cubre sus necesidades. Se compadecen de los que sufren, pero no pueden hacer nada al respecto. El tercer grupo es diferente de los dos primeros. Tienen cien veces más riqueza de la que necesitan. Son inteligentes, dirigen negocios y ganan una fortuna; pero gastan el dinero solo en aumentar sus propias comodidades y felicidad. No les importan los que sufren. De ellos puede decirse que en realidad son los más pobres de los pobres. El infierno es para ellos, porque son la causa del sufrimiento de los indigentes. Estas personas se han apropiado de la riqueza de los pobres y se la están quedando. Hijos míos, recordad que nuestro deber para con Dios es compadecernos de los pobres. La devoción no es solo ir alrededor de una imagen diciendo *"Krishna, Mukunda, Murare"*[11]. La verdadera devoción es ayudar a los que tienen problemas. Muchos apartan o golpean la mano que les tiende un mendigo, como si esa mano fuera una mosca. Los que no se compadecen de los pobres y los necesitados no obtendrán el beneficio de recitar un mantra o meditar. Ninguna cantidad de ofrendas en los templos les permitirá entrar en el cielo y no tendrán paz en esta vida.

El dolor es nuestra propia creación

Hijos míos, algunos preguntan: "¿Es Dios parcial en realidad? Unas personas tienen buena salud mientras otras están enfermas, y unas son ricas mientras otras son pobres. ¿Por qué es así?" Hijos míos, no es culpa de Dios, sino nuestra.

---

[11] Diferentes nombres del Señor *Krishna*.

En los viejos tiempos sabíamos qué tamaño tenía un tomate. Ahora el tamaño de los tomates es, a menudo, más del doble de grande por las aportaciones de los científicos. Amma no rechaza los beneficios de la ciencia, pero cuando los tomates se vuelven tan grandes su calidad disminuye. Las amas de casa saben que añadir bicarbonato sódico a la masa de los *iddlis*[12] hace que los *iddlis* sean más grandes, pero no tienen la calidad o el sabor de los *iddlis* normales. En nuestro cuerpo entran venenos por la utilización de fertilizantes artificiales y otras sustancias químicas en el cultivo de los tomates. Nuestras células se destruyen. Los hijos que nacen de padres que consumen esos alimentos tienen mala salud desde el mismo nacimiento. De ese modo, sufrimos las consecuencias de nuestras propias acciones. No sirve de nada echarle la culpa a Dios. Si nuestras acciones son puras, los resultados serán buenos. Lo que experimentamos ahora es el fruto de nuestras acciones de vidas pasadas.

Una vez un hombre le dio a dos de sus amigos sendas losas. Uno de sus amigos estaba muy sano y el otro era delgado y débil. Pocos días después el hombre les pidió a sus amigos que rompieran las piedras. Empezaron a golpear las piedras con un martillo. El hombre sano golpeó su piedra diez veces, pero esta ni siquiera se agrietó. El hombre débil golpeó su piedra solo dos veces y la partió por la mitad. El hombre sano dijo:

—Has golpeado la piedra sólo dos veces y la has roto. ¿Cómo lo has hecho?

El otro hombre respondió:

—Antes ya había golpeado la piedra muchas veces.

Del mismo modo, si ahora la vida es una lucha para algunos y les resulta fácil a otros es el resultado o los frutos de sus acciones previas. Nuestro éxito de hoy es el fruto de las buenas acciones que realizamos ayer. Y, si queremos que este éxito continúe en el

---

[12] Tortas de arroz al vapor del sur de la India.

futuro, tenemos que hacer buenas acciones hoy; de lo contrario tendremos que experimentar sufrimiento mañana. Si hoy somos compasivos con los que tienen problemas, podemos evitar el sufrimiento de mañana. Ayudando a salir a los que han caído en una zanja podemos evitar nuestra propia caída mañana.

Hijos míos, es difícil entender con la razón o el intelecto lo que es el *prarabdha*[13]. Solo podemos aprenderlo por la experiencia. En la vida hay ciertas coyunturas en las que pueden surgir muchos obstáculos como enfermedades incurables, accidentes, una muerte prematura, peleas, pérdida de riqueza, etc. No sirve para nada echarle la culpa a nuestro *prarabdha* en esos momentos. Podemos superar esas dificultades por nuestro propio esfuerzo y con una actitud de entrega. Por medio de la meditación y la repetición de mantras podemos ciertamente cambiar nuestro *prarabdha*. Al menos un noventa por ciento del mismo, pero no el cien por cien, porque es la ley de la naturaleza, que afecta incluso a los mahatmas; aunque la diferencia es que nada afecta realmente a esas grandes almas, porque no tiene apegos en su interior. El sufrimiento que surge del *prarabdha* propio es, en cierto modo, una bendición divina, porque nos ayuda a recordar a Dios. En esas ocasiones los que antes no Le han rezado a Dios ni una sola vez empiezan a llamarle. Vemos que se vuelven hacia el camino del *dharma*. Volviéndose hacia el camino espiritual experimentan un gran alivio del sufrimiento causado por su *prarabdha*.

La mayor parte de las personas se asustan cuando oyen hablar de espiritualidad. La espiritualidad no quiere decir que no se deba adquirir ninguna riqueza o que haya que abandonar la vida de familia. Podéis haceros ricos y llevar una vida de familia; pero vuestra vida debe basarse en una comprensión de los principios espirituales. La vida de familia y la adquisición de

---

[13] El fruto de las acciones pasadas de esta vida y de vidas anteriores, que se manifiesta en esta vida.

riqueza sin ninguna conciencia de los principios espirituales son como coleccionar peines para una cabeza calva. Nuestra riqueza y la relación con nuestra familia no van a estar siempre con nosotros. En consecuencia, debemos concederles solo el lugar que se merecen en la vida.

No es que tengamos que abandonarlo todo. Los principios espirituales pueden enseñarnos a vivir sabia y felizmente en este mundo material. Una persona que se mete en el mar sin saber nadar puede ser arrastrada por las olas; es peligroso. Pero los que saben nadar disfrutan nadando entre las olas. Para ellos nadar es un alegre juego. Del mismo modo, al entender la espiritualidad podemos abrazar el mundo aún más alegremente. La espiritualidad no es solo el medio de ir al cielo, ni un puñado de supersticiones. El cielo y el infierno están en este mismo mundo. Si vemos este mundo como el juego de un niño podemos elevar la mente al plano de la experiencia espiritual. La espiritualidad nos enseña a adquirir la valentía y la fuerza necesarias para disfrutar de la dicha en esta misma vida. Este camino no nos anima a quedarnos sentados ociosamente sin trabajar en absoluto. Una persona que normalmente trabaja ocho horas diarias las amplía a diez horas y ahorra los ingresos adicionales para ayudar a los que sufren: esa es la verdadera espiritualidad, esa es la verdadera adoración de Dios.

Recitar los Mil Nombres.

Algunos hijos de Amma han acudido a Amma para expresarle su intranquilidad: alguien les había dicho que los que recitaban el *Lalita Sahasranama* (Los Mil Nombres de la Madre Divina) y adoraban a la Madre Divina eran unos ladrones. Quizás la persona hiciera este comentario después de ver el gasto excesivo en pompa y lujo que hacen otros en nombre de la oración. O esa persona pudo haber pensando que los Mil Nombres se recitaban para complacer a alguna deidad sentada en algún lugar del cielo; pero en realidad recitamos los Mil Nombres para despertar la esencia divina que está en nuestro interior, no para propiciar a ninguna divinidad que estaría en las alturas. Dios, que todo lo llena, también habita en nuestros corazones. El *Sahasranama* es una manera de despertarnos a ese nivel divino de conciencia.

Cada uno de los mantras del *Lalita Sahasranama* tiene profundos significados. Fijaos en el primer mantra: "*Sri Matre Namah*: Salutaciones a la Madre". La Madre es la personificación de la paciencia y el perdón. Cuando recitamos este mantra, ese *bhava* (humor, actitud o estado divino) se despierta en nuestro interior. Se nos pide que recitemos el mantra para alimentar la cualidad de la paciencia en nuestro interior. Cada uno de los Mil Nombres es tan importante como los mantras de las *Upanishads*. Cuando recitamos los Nombres nos elevamos inconscientemente a un estado más amplio. El *Sahasranama* pretende elevarnos desde la mentalidad (*samskara*) de una mosca a la de la Divinidad. Ese es el verdadero *satsang*[14].

En una familia había dos niños. El padre llevaba a uno de los niños dondequiera que él fuera. Cuando el padre jugaba a las cartas con sus amigos, el niño se sentaba a su lado. Veía a su padre beber alcohol. La madre se quedaba con el otro niño. Le contaba historias inspiradoras y lo llevaba al templo. Finalmente, el niño que creció con el padre adquirió un mal carácter. No había un solo rasgo negativo que no tuviera. Por el contrario, el niño que creció con la madre solo hablaba de Dios y cantaba canciones divinas. En ese niño brotaron el amor, la compasión y la verdadera humildad. Como demuestra este ejemplo, nuestro entorno influye mucho en nuestro *samskara*[15].

---

[14] Estar en compañía de los santos, los sabios y los virtuosos. También un discurso espiritual de un sabio o erudito.

[15] *Samskara* tiene dos significados: la totalidad de las impresiones dejadas en la mente por las experiencias de esta vida o de vidas anteriores, que influyen en la vida de un ser humano —su naturaleza, acciones, estado mental, etc.—;

Recitando el *Sahasranama* y rindiendo culto en un templo despertamos el *samskara* divino que está en nuestro interior. Cuando meditamos y recitamos un mantra con concentración, el poder divino interior se despierta. También es bueno para el entorno. Si la voluntad se enfoca en un punto, cualquier cosa es posible; pero las personas actuales no creen en estas cosas. Hace algún tiempo, cuando la nave espacial Skylab estaba a punto de regresar a la tierra, los científicos les pidieron a todos que rezaran para que la nave cayera en el mar y no en una zona habitada. Reconocían que la oración concentrada tiene un gran poder. Cuando los científicos dijeron eso todo el mundo empezó a creerlo. Los grandes sabios revelaron el poder de la mente y el poder de los mantras hace mucho tiempo, pero nos resulta difícil aceptarlo. Vemos cómo los científicos rectifican sus afirmaciones anteriores; pero, en cuanto hacen una declaración, estamos dispuestos a aceptarla.

Cuando recitamos un mantra estamos tratando de despertar la Divinidad interior. Cuando germinamos judías su calidad nutritiva y su contenido vitamínico aumentan. Recitar un mantra es un proceso similar que despierta nuestro poder espiritual latente. Además, las vibraciones de la recitación purifican el entorno. Si simplemente cerramos los ojos, podemos ver dónde está nuestra mente. Incluso mientras estamos aquí sentados, la mente está pensando en todas las cosas que tenemos que hacer cuando volvamos a casa. "¿Qué autobús tengo que tomar? ¿Estará lleno? ¿Podré ir mañana al trabajo? ¿Recuperaré el dinero que le presté a fulano?" Cientos de pensamientos como estos danzan por la mente. Volver hacia Dios una mente envuelta en cientos de pensamientos no puede hacerse en un instante. Requiere un esfuerzo constante. Recitar un mantra es una manera fácil de lograrlo. Intentad agarrar a un niño y saldrá corriendo. Si corremos detrás del niño, puede caerse

---

y la alimentación de la comprensión o conocimiento correcto dentro de cada persona, que conduce al refinamiento de su carácter..

a un estanque o un pozo cercano; pero si le enseñamos un juguete mientras lo llamamos, vendrá a nosotros. De esta forma podemos evitar la posibilidad de que el niño se caiga mientras corre. Del mismo modo, recitar un mantra es una forma de lograr que la mente haga lo que queremos, aprovechando su naturaleza. Si en la mente surgen cientos de pensamientos, podemos reducirlos a diez recitando un mantra. Quizá os estéis preguntando si habrá pensamientos en la mente mientras recitáis el mantra. Aunque los haya, no son tan importantes. Los pensamientos son como un bebé: cuando el bebé duerme a la madre le resulta fácil hacer las tareas del hogar; pero cuando el bebé se despierta y se pone a llorar, le resulta difícil trabajar. Igualmente, los pensamientos que surgen mientras recitamos no constituyen un gran problema: no nos molestarán.

Puede que algunos se pregunten si un mantra no es un pensamiento; pero, ¿no es cierto que las pocas letras del cartel que dice "No pegar carteles" nos ayudan a impedir que una pared se llene de anuncios? Del mismo modo, con el único pensamiento que representa el mantra podemos impedir que la mente vagabundee. Reducir el número de pensamientos también es bueno para la salud y alarga la vida.

El periodo de garantía de un artículo comienza solo en el momento en el que lo compramos, independientemente de cuántos años haya estado en la tienda, porque no ha sido usado. Igualmente, una mente sin pensamientos no se debilita, sino que se hace más fuerte. El dueño de una mente así se vuelve más sano y vive más tiempo. Por el contrario, cuando los pensamientos aumentan, la mente se debilita y la salud de la persona también se resiente.

Conocemos las historias de personas que en tiempos remotos hicieron penitencia permaneciendo de pie sobre una sola pierna, o incluso sobre una uña, para mantener la mente estable. No hace falta que nosotros hagamos nada de eso. Basta con repetir un mantra. Esas personas no conocieron a Dios hasta después de haber estudiado todas las escrituras y pasar mucho tiempo realizando prácticas ascéticas; pero las *gopis*[16] no estudiaron ninguna escritura. Eran amas de casa y mujeres de negocios. Sin embargo, su amor por el Señor era tan fuerte que lograron conocerlo fácilmente. Especialmente en este *Kali Yuga*[17] (Edad Oscura), repetir un mantra es lo más importante.

Sin embargo, recitar un mantra y hacer prácticas espirituales no es suficiente. Sólo podemos llegar a Dios si Le entregamos completamente nuestra mente; pero la mente no es algo que podamos entregar como tal. Solo podemos entregar la mente entregando aquello a lo que la mente esté más apegada. En la actualidad la riqueza es normalmente a lo que la mente está más apegada. Después de casarse, a menudo la gente se preocupa más por sus propiedades que por su esposa e hijos. Hasta cuando la anciana madre está en su lecho de muerte, su hijo hace todo lo posible para asegurarse de que la parte de la propiedad familiar que heredará contiene más cocoteros que la de los otros hermanos. Si consigue un poco menos que los demás, no dudará en apuñalar a sus padres hasta la muerte. Así que, ¿a qué estamos más apegados? A la riqueza. Como la mente está apegada a la riqueza, entregar la riqueza es entregar la mente. Dios no necesita nuestra riqueza; pero mediante esa entrega la mente se expande y nos volvemos aptos para recibir la gracia de Dios.

---

[16] Jóvenes vaqueras y lecheras que vivían en *Vrindavan*. Fueron las devotas más íntimas de *Krishna* y eran conocidas por su suprema devoción al Señor.

[17] Hay cuatro *yugas* (edades o eones). Actualmente el mundo atraviesa el *Kali Yuga*.

El servicio y la vida espiritual

Muchas personas preguntan: "¿Por qué da Amma tanta importancia al servicio? ¿No son más importantes el *tapas* (prácticas ascéticas) y las prácticas espirituales?" Hijos míos, Amma nunca dice que el *tapas* y la práctica espiritual no sean necesarios. Alguna forma de *tapas* es necesaria. Si una persona corriente es como un poste de la electricidad, una persona que hace *tapas* es como un gran transformador que puede servir a muchas más personas. El poder para hacer esto puede adquirirse mediante la realización de prácticas ascéticas; pero no es algo que se pueda empezar a hacer a los sesenta años con poca salud y vitalidad. El *tapas* hay que hacerlo cuando se tiene salud y mucha energía. No hace falta irse del hogar y viajar al Himalaya para hacer *tapas*. El *tapas* hay que hacerlo justo aquí, en medio de la sociedad. Sin embargo, solo los que dedican el poder que obtienen de su *tapas* al beneficio del mundo pueden llamarse verdaderos seres espirituales. La espiritualidad os pide que seáis como una varita de incienso, que da su aroma a los demás mientras se consume.

Una persona que abandona su hogar y su riqueza y se sienta en una cueva en algún lugar para hacer *tapas* es como un lago en un denso bosque. Su agua no beneficia a nadie. ¿Y quién se beneficia de la belleza y el aroma de los lotos que allí florecen?

Es verdad que hace mucho tiempo la gente solía ir al Himalaya a hacer *tapas*; pero solo iban después de haber vivido desinteresadamente como seglares. Habían madurado como seglares y estaban mentalmente purificados, y solo entonces renunciaban a toda la riqueza material. El ambiente de aquellos días era favorable para hacer *tapas*. Las personas eran conscientes del *dharma*. Los gobernantes eran sinceros. Los seglares vivían teniendo por meta el conocimiento del Ser.

En la actualidad las personas son egoístas. Los seglares solo son personas con una familia. No son *grihasthashramis*[18]. Ni siquiera saben lo que significa el servicio desinteresado. Por eso, es importante que las personas espirituales que se hayan enriquecido haciendo *tapas* y práctica espiritual vivan como modelos de servicio desinteresado para que el mundo las siga. Solo esos individuos son realmente capaces de servir al mundo de una manera verdaderamente desinteresada.

El servicio desinteresado es una práctica espiritual que lleva al conocimiento del Ser. El servicio desinteresado es el verdadero culto a Dios. Cuando nos deshacemos de nuestro egoísmo se abre el camino hacia el Ser. Solo cuando los buscadores desinteresados viven como modelos para el mundo realizando servicio desinteresado pueden las personas imbuirse de este principio. Hay que descender al nivel de la gente para elevarla. Solo podemos movernos al paso de los tiempos. Amma recuerda una historia relacionada con esto.

Un *sannyasi* (monje) llegó a una aldea y la gente se reía de él. Tenía algunas *siddhis* (poderes milagrosos), pero carecía de paciencia. Se enfadó cuando los aldeanos lo ridiculizaron. Tomó un poco de ceniza, recitó unos mantras y arrojó la ceniza al pozo del pueblo con la maldición de que cualquiera que bebiera agua de ese pozo se volvería loco. En la aldea había dos pozos: uno para los aldeanos y el otro para uso del rey y su ministro. Todos los aldeanos se volvieron locos después de beber agua de su pozo. El rey y el ministro bebieron agua del otro pozo y no les afectó. Los aldeanos empezaron a charlotear y a bailar, y hacían mucho ruido. Les sorprendió comprobar que el rey y su ministro no se comportaban como ellos.

---

[18] Un *grihasthashrami* es alguien que lleva una vida espiritual mientras cumple sus responsabilidades como seglar. Se la considera la segunda de las cuatro etapas de la vida.

—Esos dos han cambiado mucho —dijeron los aldeanos.

A sus ojos el rey y el ministro eran los locos. De hecho, los aldeanos proclamaron en voz alta que el rey y su ministro se habían vuelto locos. ¿Qué se hace si los que se supone que gobiernan el país se vuelven completamente locos? La gente decidió encadenar al rey y al ministro. Se produjo una gran conmoción. El rey y el ministro consiguieron escaparse y huir. La multitud los persiguió. Mientras corrían, el rey y el ministro se decían uno al otro:

—La gente se ha vuelto loca. Si parecemos diferentes de ellos, no nos van a dejar. Nos acusarán de estar locos. Si queremos sobrevivir y ayudarles a salir de su situación solo hay una cosa que podamos hacer: tenemos que comportarnos como ellos, porque para atrapar a un ladrón hay que actuar como un ladrón.

El rey y el ministro empezaron a imitar a la multitud y bailaron e hicieron ruidos extraños. Eso complació a la gente. Le dieron las gracias a Dios por haber curado al rey y al ministro de su locura.

Hijos míos, las personas espirituales son como el rey y el ministro de la historia. A ojos de las personas corrientes las personas espirituales están locas; pero en realidad son los que no tienen ningún interés en la espiritualidad los que están mentalmente trastornados. Las personas espirituales tienen que descender al nivel de las personas mundanas para alimentar las buenas actitudes que hay en ellos y guiarles por el buen camino. Pueden tener que quedarse entre la gente y hacer muchas cosas. Solo así se puede guiar a la gente hacia la conciencia de su verdadera naturaleza. La gente no es consciente de su verdadera naturaleza. ¿Están dispuestos a buscar ellos mismos su verdadera naturaleza?

Imaginad, por ejemplo, que en un país todo se reduce a la mitad de su tamaño normal. Las cosas que median doscientos metros se reducen a cien. Las personas que medían uno ochenta se quedan en noventa centímetros. Solo hay un hombre que no se reduce. Sigue midiendo uno ochenta, pero a los ojos de los demás ahora está deformado. Solo él sabe lo que ha sucedido realmente; pero, ¿quién le escucha? Los demás no son conscientes de que el hombre que mide uno ochenta tiene una altura normal y que ellos son los que se han vuelto diferentes.

Hijos míos, la espiritualidad es la forma de conocer nuestra verdadera naturaleza. Las personas espirituales son conscientes de su verdadera naturaleza. Están tratando de conocer su verdadero Ser. Otros se burlan de ellos y los llaman locos. Esas personas están engañadas por el mundo exterior. Esa es la diferencia entre los seres espirituales y los demás.

El diablo de la sospecha

A Amma también le gustaría hablar de los problemas que tienen las familias en la actualidad. La sospecha es la causa de la mayor parte de las peleas en la familia. Muchas familias se han separado por una mera sospecha. ¡Cuántas mujeres han derramado interminables lágrimas! Hace poco vino aquí una mujer que había sido abandonada por su marido por las sospechas que tenía sobre ella. Ella estaba a punto de suicidarse junto a sus tres hijos; pero entonces alguien le habló de la Madre de *Vallickavu* y le dijo que conseguiría paz mental si iba allí. Así que se apresuró a acudir aquí, a Amma. Amma conoce a muchas mujeres como esa. El marido no aporta ni un céntimo para los gastos del hogar mientras la mujer trabaja día y noche para ocuparse de la casa y los hijos. Lo que recibe a cambio es una buena paliza por la noche, cuando el marido llega borracho a casa. Hay innumerables familias como esa a nuestro alrededor, sufriendo y derramando lágrimas. A veces se echa a la mujer de la casa por alguna sospecha del marido. ¿Dónde puede ir de noche con los niños? En la actualidad la situación en este país es tal que no es seguro para una mujer caminar por la calle después del anochecer. O encontrarán su cuerpo al borde de la carretera al día siguiente o su futuro quedará totalmente arruinado. Tanto se ha deteriorado la situación. Los hijos varones de Amma que están presentes aquí no deben enfadarse. Amma también dice esto por el bien de vuestras hijas.

Los padres dan a su hija en matrimonio a alguien que trabaja en el Golfo Pérsico. Cualquiera puede escribir una carta falsa y hacer que envíen a la pobre chica. Al día siguiente tiene que volver a casa de sus padres, donde vive como una huérfana. A los ojos de los vecinos, que no conocen la verdad, ella es culpable. ¿Cuál será el futuro de su hija? Hijos míos, ¿quién piensa en estas cosas? Solo porque la gente cree ciegamente en las acusaciones de alguien se destruye una familia entera. De ese modo, una mujer joven acaba pasándose la vida entre lágrimas.

Amma está planteándose crear una organización para ayudar a las mujeres que han perdido todo el apoyo de esta manera. Para eso algunas mujeres muy inteligentes y con mucha paciencia tienen que ofrecerse a ayudar. Entonces podremos salvar miles de familias. Puede que acaben criticando a Amma por esto. Bueno. Eso no le preocupa a Amma. Lo acepta como el alimento de su vida.

Amma recuerda una historia. Algunas cosas fueron robadas de la casa de un hombre. Tenía un buen amigo y empezó a pensar: "El que me robó las cosas tiene que haber sido mi amigo. De hecho ahora parece un poco nervioso siempre que me ve. Por su mirada todo el mundo puede darse cuenta de que es un ladrón. ¡Y solo hay que ver la forma en que camina! Tiene todas las características de un ladrón. Sin duda él es el que me ha robado las cosas". Así, a sus ojos, su mejor amigo se convirtió en un ladrón de primera clase. Se olvidó de lo cariñoso que su amigo había sido siempre y solo lo veía como un ladrón y un enemigo. Sin embargo, todo eso no era más que una creación de su mente. Así es la sospecha. Cuando te aqueja, cambias completamente.

Muchas parejas que deciden deshacer su matrimonio debido a una simple sospecha descubrirían que no hay motivo para la sospecha si hablaran entre ellos con el corazón abierto. El problema desaparecería igual que se pela una cebolla: no quedaría nada. Por la gracia de Dios Amma ha jugado un papel decisivo para reunir de nuevo a innumerables familias como estas y, de esa forma, el futuro de muchos niños también ha quedado asegurado.

Dad con un fin benéfico en lugar de malgastar vuestra riqueza.

Amma no puede evitar pensar en el reciente terremoto. No sirve para nada hablar de ello ahora. Lo que hace falta es aliviar a los que están sufriendo allí. La Fundación del *ashram* quiere donar cuatrocientas mil o quinientas mil rupias. Los devotos deben ofrecerse voluntarios y dar todo lo que puedan para esta causa. Las obras benéficas son esenciales en la vida de un seglar.

Hablando de este tema, Amma recuerda una historia. Un hombre decidió meterse en política, pero un amigo le dijo:

—No te metas en política, porque si lo haces tendrás que dar todo lo que tienes.

—De acuerdo, lo haré.

—Si tienes dos coches, tendrás que donar uno de ellos.

—No hay ningún problema.

—Si tienes dos casas, tendrás que dar una.

—Vale, también lo haré.

—Además, si tienes dos vacas tendrás que darle una de ellas a alguien que no tenga una vaca.

—Ah, no, eso es imposible.

—¿Por qué no? No tienes problema en dar tu coche o tu casa. Entonces, ¿por qué dudas en dar tan solo una vaca?

—Porque no tengo dos coches ni dos casas, pero tengo dos vacas.

Queridos hijos míos, esa es la naturaleza de la generosidad de las personas actualmente. Están más que dispuestos a donar lo que no tienen, pero no están dispuestos a donar lo que tienen. Hijos míos, nuestra generosidad no debe ser así. Si podemos ayudar a alguien, aunque tengamos que pasar algún apuro para hacerlo, esa es la mejor manera de adorar a Dios. El dinero excesivo que gastamos en comida y ropa sería suficiente para servir a innumerables personas. Pensad en todo el dinero que malgastamos ahora.

En la actualidad muchas personas creen que solo son duras si fuman, que fumar es señal de masculinidad. También los hay que piensan que fumar es señal de inteligencia. En realidad es señal de retraso mental. Los verdaderos intelectuales son los que aman a los demás tanto como se aman a sí mismos. En el propio paquete de cigarrillos está escrito que fumar es peligroso para la salud. Si la gente fuma incluso después de leer eso, ¿hay que llamarlos intelectuales o idiotas? El dinero que los fumadores gastan en un mes es suficiente para aliviar la pobreza de la India.

Hijos míos, actualmente la población mundial es mil millones mayor que hace quince años. En la India nacen millones de niños cada año. Si esto continúa, ¿cuál va a ser la situación dentro de diez años? A medida que la población se multiplica, los valores de la vida decaen en lugar de elevarse. Si no damos todos los pasos con cautela, el futuro será oscuro. Por tanto, no debe haber más de dos niños por familia. Los que no tienen hijos deben asumir la responsabilidad de criar algunos niños de familias pobres que tengan muchos hijos. Intentad transmitir un *samskara* positivo a los niños. Debemos vivir de tal forma que el *dharma* se mantenga. La verdadera espiritualidad es dedicar la vida a la protección del *dharma*. Hijos míos, debéis tratar de moldear vuestra mente con este objetivo.

Amma no va a molestaros con más palabras. Hijos míos, cerrad los ojos y rezad por la paz del mundo. Rezad sinceramente para que se os dé el corazón desinteresado de una madre. Derramad unas pocas lágrimas a los pies de Dios.

Todos vosotros, sentaos erguidos y meditad dos minutos. Imaginad que estáis viendo una brillante luz del tamaño de una cabeza de alfiler. Visualizad después esta luz expandiéndose en un círculo y finalmente envolviéndoos completamente. Clamad en vuestro corazón como un niño pequeño que llora: "¡Madre!, ¡Madre!" [19]. Rezad con el corazón derritiéndose de amor. Intentad llenar vuestro corazón de inocencia. Cuando una flor todavía es un capullo no podemos disfrutar de su belleza o su fragancia. Tiene que florecer. Que vuestro corazón florezca. Entonces podréis abrazar a Dios. Igual que un niño toma una piedrecita y se imagina que es el mundo entero, visualizad a la Madre Divina en vuestro interior y rezad inocentemente. Olvidando todo lo demás, gritad: "¡Madre, Madre!" Y rezadle con el corazón enternecido: "¡Madre, hazme realizar buenas acciones, hazme compasivo y grande de corazón!"

---

[19] Amma dice que el Ser Supremo es tanto nuestro Padre como nuestra Madre, el Dios y la Diosa, y que está en último término más allá de cualquier definición de género.

Sólo este momento es real

Saludos a todos los Hijos de la Inmortalidad, que son verdaderamente la personificación del amor y del Ser Supremo.

Hijos míos, todos vosotros habéis venido hoy aquí a celebrar el cumpleaños de Amma; pero Amma no puede ver en este día nada especial que no pueda encontrarse en otros días. El cielo no tiene ningún día especial. El cielo permanece constante, como un testigo de los días y las noches. El cielo estaba aquí antes de la construcción de este edificio y sigue aquí desde que ha sido construido. El cielo estará aquí cuando se haya derribado este edificio. El cielo no cambia. Todo existe dentro de él, dentro del espacio, y nadie puede contaminar ese espacio. Cuando dice "cielo", Amma no se refiere al cielo que vemos sobre nosotros sino al Ser que está presente en todas partes y que lo llena todo.

Si preguntáis por qué vino hoy Amma aquí para la *pada puja* (el lavado ceremonial de sus pies), la respuesta es que Amma no ha venido por su propia felicidad, sino solo por la vuestra. Un cumpleaños debe ser un día en el que recordemos la muerte igual que la vida, porque cuando nacemos también nace la muerte. Tendemos a olvidarnos de esto. Nadie que nace puede evitar la muerte, porque sigue a todos como una sombra; pero muchos tienen miedo hasta de pensar en la muerte.

Amma recuerda una historia. Un brahmán acudió en una ocasión al Rey *Yudhisthira*[20] y le pidió algo de dinero para cubrir

---

[20] El mayor de los cinco hermanos *Pandavas* del *Mahabharata*. Fue un rey célebre por su completa virtud y piedad.

los gastos de la boda de su hija. El rey, que estaba muy ocupado, le pidió al brahmán que regresara al día siguiente. El hermano del rey, *Bhima*, que estaba cerca, lo oyó. Les dijo a todos los que estaban en el palacio:

—¡Tocad la concha! ¡Redoblad los tambores! ¡Tocad música gozosa con todos vuestros instrumentos! ¡Gritad de alegría!

El palacio resonaba con todos esos diferentes sonidos. *Yudhisthira* estaba sorprendido:

—¿Qué es esto? —preguntó— Normalmente solo cuando el rey regresa victorioso de la batalla después de conquistar un reino enemigo se produce este jolgorio. No ha sucedido nada de eso, así que ¿por qué todo este alboroto?

Los que estaban a su alrededor le dijeron:

—*Bhima* nos pidió que lo hiciéramos.

Inmediatamente, el rey llamó a *Bhima* y le dijo que se explicase.

—Es para demostrar la alegría que el pueblo y yo sentimos —dijo *Bhima*.

—¿Por qué tanta alegría?

—Bueno, hoy me he enterado de que mi hermano ha vencido la muerte. Esto es para celebrar esa victoria.

Yudhisthira estaba perplejo. Miró a *Bhima* consternado. *Bhima* dijo:

—Oí que le decías a un brahmán que regresara mañana a recibir su regalo; pero no hay garantía de que mañana estemos aquí. Y, sin embargo, fuiste capaz de decirle con confianza al brahmán que viniera aquí mañana. ¿No es cierto entonces que se lo dijiste porque tienes la capacidad de mantener alejada la muerte?

Solo entonces *Yudhisthira* se dio cuenta de su error. Había olvidado la verdad de que la muerte siempre está presente y de que lo que debe hacerse en este momento debe hacerse ahora mismo. Cada vez que espiramos no podemos estar seguros de que volveremos a inspirar. La muerte está con nosotros en cada respiración.

Solo alguien que ha comprendido qué es la muerte puede construir una verdadera vida, porque en algún momento la muerte nos arrebatará este cuerpo que pensamos que es el verdadero "yo", y con él nuestra riqueza, nuestros hijos y seres queridos y allegados. Si recordamos la verdad de que la muerte siempre está con nosotros, tanto si nos da miedo como si no, podremos llevar nuestra vida por el camino correcto y elevarnos a un estado que está más allá del nacimiento y la muerte. Entender lo que es la muerte nos ayuda a entender la vida. Todos tratan en vano de lograr que sus vidas sean totalmente felices. La razón de este fracaso es que todo lo que ganemos hoy lo perderemos mañana, y esas pérdidas nos sumen en un dolor sin fin; pero, cuando nos damos cuenta de la naturaleza perecedera de las cosas, perderlas no nos debilita; al contrario, nos inspira a elevarnos a un estado que trascienda la pérdida de esas cosas. Debemos empezar en este mismo instante a realizar todo el esfuerzo necesario para lograr ese estado, porque no hay ninguna garantía de que dentro de un momento todavía estemos aquí.

Si este momento se pierde, es realmente una gran pérdida. Si quieres meditar, hazlo en este instante. Si hay una tarea que debe hacerse ahora, hay que empezarla en este mismo momento y no posponerla para otro momento. Ese es el estado mental que debemos tener. Esta clase de determinación debe arraigar en nosotros. Tanto si pensamos en la muerte como si no, estamos matando cada una de las células de nuestro cuerpo cuando solo pensamos en experimentar felicidad exterior. La forma de vida que hemos adoptado nos está envenenando y estamos tendiendo nuestras dos manos hacia ella y aceptándola sin darnos cuenta de que es veneno.

Todos los países, los políticos y los científicos tratan de aumentar las comodidades de la vida. Para lograrlo han desarrollado al máximo el intelecto. El mundo exterior se ha desarrollado todo lo posible; pero, ¿hay felicidad o dicha completas? No. El mundo interior sigue secándose. Podemos tener aire acondicionado en las casas, los coches y los aviones; pero, ¿no es cierto que solo podemos dormir tranquilos si tenemos paz mental? ¿Y come saludablemente una persona que carece de paz mental?

Vivid conociendo la Verdad

La calidad de vida no depende solo del cuerpo, los objetos externos y la felicidad exterior. La verdadera felicidad depende de la mente. Si podemos mantener la mente bajo control, todo estará a nuestro alcance. El verdadero conocimiento es el conocimiento de cómo controlar la mente. Ese es el conocimiento espiritual. Solo cuando adquirimos ese conocimiento podremos utilizar adecuadamente todo el resto del conocimiento que hayamos logrado. Antaño, algunas familias tenían hasta treinta o cincuenta miembros, y vivían juntos con un enorme amor, aceptación y unidad. Había un ambiente de amor y paz entre ellos, y eso era posible porque comprendían los principios espirituales. Entendían la vida y su verdadera finalidad. Construían su vida sobre la base de la espiritualidad; pero en la actualidad todo eso no se considera más que un mito. En nuestros días, si en una familia hay tres miembros, viven como si cada uno estuviera en una isla distinta. Cada persona se comporta a su manera; no hay un sentido de unidad. Si aprendemos a comprender la espiritualidad podemos eliminar esta situación, al menos en nuestra propia familia.

La espiritualidad es el principio que acerca nuestros corazones entre sí. Los que han aprendido a nadar en el mar disfrutan de las olas. Todas las olas llenarán de alegría a los nadadores. Por el contrario, los que no saben nadar pueden verse arrastrados por la fuerza de las olas. Del mismo modo, quien conoce la espiritualidad afronta todos los obstáculos de la vida con una sonrisa en la cara.

La espiritualidad es el principio que nos permite afrontar con una sonrisa todas las situaciones y crisis de la vida. Los que no están familiarizados con este principio se quedan destrozados hasta por un pequeño obstáculo. Si un petardo enorme explota cuando estamos desprevenidos en algún lugar, nos asustaremos; pero si sabemos que está a punto de explotar, no nos asustaremos. Si somos conscientes, no flaquearemos cuando nos enfrentemos a circunstancias adversas.

Algunos piensan que la espiritualidad es fe ciega; pero la espiritualidad es el ideal que elimina la oscuridad. Muchos individuos desorientan a los más jóvenes en lugar de explicarles los verdaderos principios espirituales. Algunos dicen que, después de todo, la religión no es comida para el hambriento. Eso es verdad, pero dejad que Amma os pregunte algo: ¿por qué tantas personas que comen suntuosamente, duermen en habitaciones con aire acondicionado y poseen yates y aviones se suicidan tomando veneno, disparándose un tiro, arrojándose bajo un tren o colgándose? ¿No apunta esto al hecho de que hay algo más allá de la felicidad que se logra con comida deliciosa y lujos? Así que lo que tenemos que aceptar y emular en nuestras vidas es la verdad que nos da paz, y esta no es otra que el camino espiritual. Hijos míos, adquirir casas y riqueza o ganar poder y prestigio es como coleccionar peines para una cabeza calva. Eso no significa que debáis sentaros ociosamente y no hacer nada. Realizad cada acción sin apego tras haber comprendido este principio.

Hijos míos, todos nosotros somos formas diferentes del mismo Ser, como el mismo caramelo con envoltorios diferentes. El caramelo del envoltorio verde le dice al caramelo del envoltorio rojo: "Tu y yo somos distintos". El rojo le dice al azul: "Yo soy yo y tú eres tú; somos diferentes". Pero si los desenvolvemos todos son iguales. El mismo sentido de la diferencia existe entre nosotros. Sin darnos cuenta de que en realidad no somos distintos ni estamos separados unos de otros, las formas exteriores nos engañan. ¡Y mirad los problemas que surgen! ¿Por qué no reconoce esto la gente? Porque hemos perdido el corazón del niño que hay en nuestro interior. En consecuencia, no conocemos la esencia de nuestro verdadero Ser (*Atman*). Somos incapaces de saborear la dicha de *Brahman*.

Cuando Amma habla del corazón de un niño se refiere a un corazón capaz de discernir. Podéis decir: "Pero los niños no tienen ningún sentido del discernimiento". De hecho, a lo que se alude aquí es a la fe y la imaginación de un niño. Un niño pequeño agarra una roca y dice que es un trono adornado, y en eso se convierte para él. Cuando está de pie delante de ella con un palo en la mano y la pose de un rey blandiendo su espada, en su mente él es realmente un rey. Sus palabras y su porte serán los de un rey. No piensa que esté sentado en una roca o que solo esté sosteniendo un palo con la mano. En lo que a él se refiere está blandiendo una espada regia. Nosotros hemos perdido esta capacidad de imaginación, fe e inocencia. En lugar de eso nos hemos convertido en imágenes de envidia y malevolencia. Un ser espiritual tiene que tener un corazón inocente y un intelecto dotado de discernimiento. Solo entonces se puede disfrutar de la dicha espiritual. El dolor y la desilusión no entran en la vida de una persona así.

Hijos míos, si queréis experimentar paz no podéis hacerlo sin un corazón inocente. Dios solo puede residir en un corazón inocente.

Una vida llena de incertidumbre

Los pájaros se posan en las ramitas de los árboles, donde comen y duermen; pero saben que, si el viento soplara, la ramita donde se han posado podría romperse. Por eso siempre están alerta, preparados para salir volando en cualquier momento. Las cosas de este mundo son como esas ramitas: pueden perderse en cualquier momento. Para no vernos dominados por la tristeza cuando esto suceda, tenemos que aferrarnos al Principio Supremo. Si la casa está en llamas, ninguno de nosotros dirá: "¡Apaguémoslas mañana!" Apagaremos el fuego inmediatamente. Hoy nuestra vida puede estar llena de dolor; pero en lugar de darle vueltas, arruinar nuestra salud y perder el tiempo, debemos tratar de encontrar una solución.

Hijos míos, lo que está hoy con nosotros no estará con nosotros para siempre. Nuestra casa, nuestra riqueza y nuestra propiedad no estarán siempre con nosotros. Al final, ninguna de esas cosas serán nuestras compañeras. Solo el Ser Supremo es nuestro compañero eterno. Amma no está diciendo que debamos dejarlo todo o que debamos sentir aversión hacia nadie. Amma quiere decir que debemos darnos cuenta de que nada es permanente. Debemos vivir una vida de desapego. Esa es la única forma de encontrar paz en la vida.

Estamos viajando por el mar en una minúscula canoa. De repente el cielo se oscurece. Hay señales de tormenta: empieza a llover a cántaros y gigantescas olas agitan el mar. ¿Qué hacemos? Sin perder ni un segundo tratamos de llevar el bote a la orilla. Hijos míos, estamos en una situación parecida. No tenemos ni un segundo que perder. Tenemos que remar hacia el Ser Supremo. Ese es nuestro único refugio. Meditad constantemente en el Ser Supremo. Esa es la única forma de eliminar el dolor.

Hijos míos, estáis trabajando duro en vuestro propio beneficio personal, pero no olvidéis mirar a vuestro alrededor. Pensad en la lluvia torrencial que hemos tenido en los últimos meses. Hay miles de personas a nuestro alrededor que han permanecido despiertas bajo techos con goteras durante noches enteras de lluvia preguntándose cuándo se derrumbarían sus cabañas. Pensad en esas personas cuando levantéis vuestros vasos de alcohol. Con el dinero que malgastamos cada mes podríamos hacer que pusieran paja en su tejado. Entonces esas personas podrían dormir cómodamente por la noche. Hay tantísimos niños pobres que, a pesar de ser los mejores estudiantes de su curso, tienen que dejar de ir al colegio por falta de dinero y se convierten en niños de la calle. Cada vez que os pongáis ropa cara imaginad la cara de esos niños inocentes.

Hijos míos, Amma no está obligando a nadie. Sólo os recuerda la difícil situación en que se encuentra el mundo, eso es todo. Hay una cosa de la que Amma está segura: si sus hijos son serios, pueden cambiar la situación actual. Hijos míos, solo esto sería verdadero culto a Dios. Eso es lo que Amma espera de vosotros.

Yo soy el amor, la encarnación del amor

Mensaje de cumpleaños de Amma, 1995

Hijos míos, la humildad y la paciencia son la base de todo. Tenemos que tener esa actitud mental. Esa actitud está ausente ahora y por eso surgen conflictos en la sociedad.

En la actualidad el mundo se ha convertido en un campo de batalla. En un mundo así no hay parientes, amigos o seres queridos; sólo hay enemigos ansiosos por destruirse unos a otros. En un momento forman una banda y luchan contra el otro bando y al siguiente se separan y luchan entre sí. Eso es lo que vemos en muchos lugares. Las personas han decidido ser egoístas y arrogantes, y no es posible saber cuál será su próximo movimiento. Por eso, hijos míos, tratad de cultivar la paciencia, el amor y la confianza mutuos.

Hijos míos, no nos damos cuenta de la verdad de que estamos esclavizados por el apego a nuestras relaciones. No es que no debamos mantener relaciones; pero cuando llegamos a apegarnos debemos claramente ser conscientes del lugar que damos a ese objeto o esa persona en nuestra vida. El amor verdadero solo surgirá cuando la relación sea de comprensión mutua. Tanto si el apego es a una persona como a un objeto, no debe aumentar o debilitarse según las circunstancias. La gente dice: "Te quiero"; pero esas no son las palabras adecuadas. "Yo 'soy' el amor, la encarnación del amor": esa es la verdad. Cuando decimos "te quiero" hay un "yo" y un "tú". Y el amor se queda comprimido en algún lugar entre ambos. Lo que fluye de nosotros a los demás debe ser amor y nada más que amor. El amor no debe crecer o disminuir según las circunstancias. Todos debemos aprender a ser encarnaciones del amor. Entonces no le haremos daño a nadie y solo beneficiaremos a los demás. Este es el principio que debemos comprender.

Como un pájaro con las alas cortadas en una jaula de oro, somos prisioneros de nuestra propia mente. Somos esclavos de las cadenas del renombre y la fama, la posición y la riqueza; y esas cadenas están cubiertas de bellas flores. La cuestión aquí no es la de la libertad, sino la de cómo romper las cadenas que nos atan. Para hacerlo tenemos que ver las cadenas unidas a nosotros, y no las flores. Las flores y los adornos solo son superficiales. Si miramos más de cerca podemos ver las cadenas que las flores esconden. Tenemos que ver la prisión como una prisión, no como nuestro hogar. Solo entonces la mente saltará con entusiasmo hacia la libertad. Solo entonces podremos alcanzar nuestra meta.

Dos más dos igual a...

En la vida de familia actual el hombre dirá que dos más dos es igual a cuatro, mientras que para la mujer dos más dos será igual, no solo a cuatro, puede ser igual a cualquier cosa. El hombre vive en el intelecto mientras que la mujer vive en el corazón. Las hijas de Amma no deben enfadarse cuando oigan esto. En los hombres hay feminidad, y masculinidad en las mujeres. En general, las decisiones de los hombres son firmes y no ceden ante las circunstancias. Por la conducta anterior de un hombre podemos predecir cómo actuará en cada situación; pero una mujer es diferente. Su naturaleza es más débil y cede ante las circunstancias. Su corazón es compasivo. Esa naturaleza compasiva es la principal causa de sus penas. Ante una situación dada no puede predecirse cómo reaccionará la mente de una mujer.

Hacemos el viaje de la vida con el corazón y el intelecto. El corazón y el intelecto apuntan en direcciones casi opuestas. Por eso a menudo no hay paz y armonía en la vida familiar. La espiritualidad es el miembro de la familia que une el corazón y la mente divergentes en el ritmo y la armonía adecuados. La espiritualidad es el vínculo que los conecta. Solo cuando le concedemos a la espiritualidad su debido lugar, la vida se convierte en verdadera vida. El intelecto no suele descender hasta el corazón y el corazón no se eleva hasta el intelecto. Así es como funciona ahora la vida de familia.

Muchas mujeres se quejan a Amma y le dicen: "Amma, le cuento a mi marido todas las penas de mi corazón. Él solo hace un murmullo de reconocimiento, pero en realidad no responde en absoluto. Así que no creo que me quiera". Amma le pregunta inmediatamente al marido: "¿Qué es lo que oigo, hijo? ¿No quieres a esta hija?" Y él dice: "¡No es así, Amma! ¡La quiero de verdad!" Hijos míos, eso es como miel dentro de una piedra: su dulzor no puede saborearse. Para saborear el dulzor tenemos que ponernos la miel en la palma de la mano. Del mismo modo, el amor no es algo para tenerlo escondido dentro de uno. El amor hay que demostrarlo en los momentos adecuados. La esposa no obtiene felicidad del amor que se esconde en el corazón del marido. Hijos míos, como no conocéis el corazón del otro, no basta con mantener vuestro amor escondido dentro del corazón. Tenéis que demostrar vuestro amor con palabras y obras. Amma lo dice por la paz y la armonía de la vida de familia. Si no demostráis vuestro amor, es igual que poner un bloque de hielo en las manos de una persona atormentada por la sed. El hielo no puede saciar la sed de nadie. Así que, hijos míos, debéis poneros en el nivel del otro y amaros con el corazón abierto. Debéis comprender el amor del otro.

Amma recuerda una historia. En una determinada familia a la mujer le gustaban mucho los animales. Un día fueron a una tienda de mascotas donde la mujer vio un mono y sintió un gran deseo de comprarlo; pero su marido se negó a dejar que lo comprara.

Más tarde, cuando regresaron a casa, su amor por el mono no había desaparecido. Un día, cuando el marido estaba fuera, ella regresó a la tienda de mascotas y compró el animal. Cuando el marido regresó vio al mono atado a un poste.

—¿Qué has hecho? —le dijo.

Ella respondió:

—No pude evitarlo. Fui y lo compré.

—Pero, ¿cómo lo vas a alimentar?

—Le daremos algo de nuestra comida.

—¿Y dónde va a dormir?

—En nuestra cama.

—¡Pero va a oler horriblemente!

—¿Y qué? Si yo he podido soportarlo durante los últimos veinte años, estoy segura de que este pobre animal también podrá soportarlo.

¿Qué significa esto? Significa que en esta vida mundana el amor es superficial. En la actualidad el amor de las personas raramente se basa en la comprensión mutua. Sus corazones no se conocen. La esposa no entiende el corazón del marido, ni el marido el corazón de la esposa. Nadie está dispuesto a transigir. Así es como transcurre la vida. ¿Cómo puede haber paz en una vida así? Mediante la espiritualidad desarrollamos la disposición a comprender y adaptarnos unos a otros. La razón de todos los fracasos de la vida es el no hacerse concesiones mutuas.

El primer amor verdadero que experimentamos es el amor de nuestra madre. No encontraréis ninguna impureza en el amor de una madre por su hijo. Ese amor no se basa en ninguna clase de expectativa. El amor materno es esencial para el crecimiento del bebé. Aunque se dice que Occidente es la tierra de los intelectuales, allí hay muchas personas mentalmente enfermas. La razón de esto es la falta de amor materno. Aunque haya gasolina en el coche, se necesita una batería para arrancar el vehículo. Igualmente, el amor que recibimos de la madre que nos alumbró es la base de nuestra vida.

Podéis preguntar: "Pero, ¿no es también amor el amor que demuestran otros?" Sí, eso también es amor, pero siempre hay una expectativa detrás. Si la esposa comete un error, el marido la deja. Si el marido comete un error, su esposa lo deja. Esa clase de amor es un amor que desaparece hasta cuando se comete un pequeño error. Esa es la naturaleza de la mente animal.

Queremos a la vaca por su leche; pero, cuando se le acaba la leche, podemos conservarla unos días más y después se la vendemos al carnicero. Así es el amor mundano. Amma no puede llamar eso verdadero amor. La espiritualidad es lo que eleva esa mentalidad animal a la divinidad. Los maridos y las esposas pueden separarse, pero una madre no está dispuesta a dejar a su hijo. Al menos el noventa por ciento de las madres. Es el amor de la madre el que permite al niño aceptar el amor del mundo y dar amor. Recordad esto, hijos míos: si el amor de una madre por su hijo desaparece, eso podría ser la causa de la caída de ese hijo, así como la causa de la caída del país.

Aprended el idioma del corazón.

Este es un mundo de razón e intelecto. La gente ha olvidado el idioma del corazón. En la actualidad el idioma del corazón, que ama, confía y respeta a los demás, se ha perdido.

Una vez una mujer le enseñó a su marido un poema que había escrito. Ella era poeta y su marido era científico. Como la mujer le insistía, leyó el poema. Era un poema que describía a un niño: "La cara del niño es como la luna, los ojos son como pétalos de loto…" El poema contenía símiles como estos en cada verso. Cuando terminó de leerlo ella esperaba entusiasmada su opinión. Él dijo:

—¿Qué has escrito aquí? Se gastaron millones para que el hombre fuera a la luna y, ¿qué encontraron allí? Unas rocas. Ni siquiera aire. Si llevas la luna en la cabeza te aplastará los hombros.

Siguió criticando el poema con burlas como esas. Finalmente ella le dijo:

—No puedes entender este poema. Devuélvemelo.

El marido veía el poema desde el intelecto. No había corazón. Solo podía ver las rocas de la luna. La gente ha perdido la inocencia insistiendo en que solo se fiará de lo que pueda ver con los sentidos.

El intelecto de la gente ha crecido tanto que en la actualidad no pueden vivir sin máquinas que lo hagan todo por ellos. ¡Hasta hay una máquina que te lava los dientes! Por eso nadie hace suficiente ejercicio. Para mantener la salud hay que encontrar tiempo para hacer ejercicio. Cuando penséis en ello veréis que las comodidades que se consiguen de una manera, en realidad nos debilitan de otras formas. En la actualidad la gente se siente constantemente tensa. Todas las comodidades y facilidades están disponibles, pero no hay ni un momento desprovisto de tensión. Los padres comienzan a preocuparse en cuanto se enteran de que el bebé, que está todavía en el útero, es una niña. Sus preocupaciones no acaban hasta que la han criado, le han dado estudios y la han casado. En nuestros días están igual de preocupados por sus hijos. Antes incluso de que el hijo llegue a la universidad quiere una motocicleta y no hay paz en la casa hasta que consigue una. No dudará en destruir todo lo que encuentre en casa. Amenaza con suicidarse si no le compran lo que quiere. Actualmente los padres afrontan muchos problemas como estos. Los padres que esperaban que sus hijos cuidarían de ellos cuando creciesen ahora tienen miedo de que los maten. El progreso de la humanidad ha llegado a esta fase. El motivo es que ahora cada individuo se centra solo en sí mismo. El egoísmo ha crecido hasta ese extremo.

A medida que el intelecto crece, el corazón se marchita. Los días en los que sentíamos que las penas de los demás eran nuestras propias penas han pasado hace mucho. En la actualidad la gente no duda en poner a otros en circunstancias difíciles buscando su propia felicidad. Para que esto cambie el corazón tiene que ampliarse junto con el intelecto.

El Amor también debe fluir hacia abajo

Muy a menudo tratamos de hacernos amigos de las personas que son más ricas o que están mejor situadas que nosotros en la escala social; pero eso siempre provoca dolor. Miles de seres humanos pasan por sufrimientos y dificultades mayores que los nuestros. ¿Por qué no pensamos en ellos? Si comparamos nuestras vidas con las suyas podemos ver que la nuestra es el cielo. Cuando pensamos en los que están mejor que nosotros nos lamentamos por ser tan pobres, porque no tenemos la clase de riqueza que ellos tienen. Cuando caemos enfermos nos lamentamos: "¡Oh, no, estoy muy enfermo!" Pero habitualmente hay mucha gente a nuestro alrededor que sufre por enfermedades mucho peores que la nuestra. Si pensásemos en ellos, nuestros problemas no nos parecerían tan graves. Debemos tratar de liberarnos de la tristeza consolando a nuestra mente de esta manera. Si pensamos de la otra manera, nuestra vida estará llena de sufrimiento.

Raramente estamos dispuestos a acercarnos a la gente corriente. No encontramos tiempo para compartir sus penas. No estamos dispuestos a ofrecerles toda la ayuda que podríamos darles; pero, de hecho, hacerlo también es una manera de adorar a Dios. Si estuviéramos dispuestos a hacerlo nos aseguraríamos la llave que abre la puerta del mundo de la alegría.

Amad a los pobres con corazón abierto. Empatizad con ellos. Pensemos que nuestro *dharma* es amarlos y servirlos. Veámoslo como un deber que Dios nos ha confiado. Cuando adquirimos esa actitud descubrimos que no tenemos tiempo para lamentarnos de nuestras propias dificultades. Se dice que más de un tercio de la población de la India vive en la pobreza. Si todos tenemos cuidado, suprimimos los gastos innecesarios y nos ayudamos mutuamente, aquí nadie tendrá que pasar hambre. Dios nos ha dado suficiente para todos; pero algunos han acaparado lo que está destinado a los demás. No saben que los que están pasando hambre por ello son sus propios hermanos y hermanas. Esas personas pueden vivir en la pompa y el esplendor materiales; pero, si no están dispuestos a ser compasivos con los pobres y ayudar a los necesitados, padecen pobreza interior. En realidad, en el mundo de Dios son los más pobres entre los pobres, y no podrán escapar del sufrimiento mental causado por su falta de compasión.

No tiene sentido encender una lámpara sagrada de aceite o hacer una ofrenda a Dios sin llevar algo de luz a la vida de los pobres. Tenemos que descender al mundo de los pobres. Debemos amarlos y servirlos. Si no lo hacemos, por mucho que meditamos no podremos saborear la dulzura de esa meditación. La ayuda que se da a los demás es lo que da dulzura a nuestra meditación.

Amma ve a personas que están atormentadas porque no pueden encontrar trabajo y se han hecho esclavas de las drogas. Consumir drogas no les dará un empleo; sólo aumentará la carga de su familia. Aunque solo tengáis cuarenta metros cuadrados de tierra, tratad de cultivar algo en ella. No dudéis en practicar un poco de agricultura aunque tengáis estudios superiores. Si no podéis hacer otra cosa, al menos cultivad unos cuantos bananos en vuestro patio. De esta forma, vivamos nosotros y nuestras familias de nuestro trabajo duro.

Hijos míos, ahora cerrad los ojos y visualizad la forma de la Madre Divina. O imaginad que la Madre Divina está de pie delante de vosotros. No hace falta pensar en el interior o el exterior, o en el Ser Supremo con o sin atributos, etc. Tratad simplemente de concentrar la mente. No os preocupéis si no podéis visualizar la forma. Cerrad los ojos y llamad en silencio: "¡Madre! ¡Madre!" Algunas personas pueden preguntar: "¿Pero no está Dios en nuestro interior?" Sí, es cierto que Dios está dentro de nosotros; pero nosotros no estamos centrados en nuestro ser interior. Nuestra mente corre tras muchos otros objetos. Repetir un mantra es una manera de llevar hacia adentro la mente que vagabundea. Decir "¡Madre!" es lo mismo que decir: "¡Oh, Amor Eterno! ¡Compasión Eterna, guíame!"

¡Om shanti, shanti, shanti!

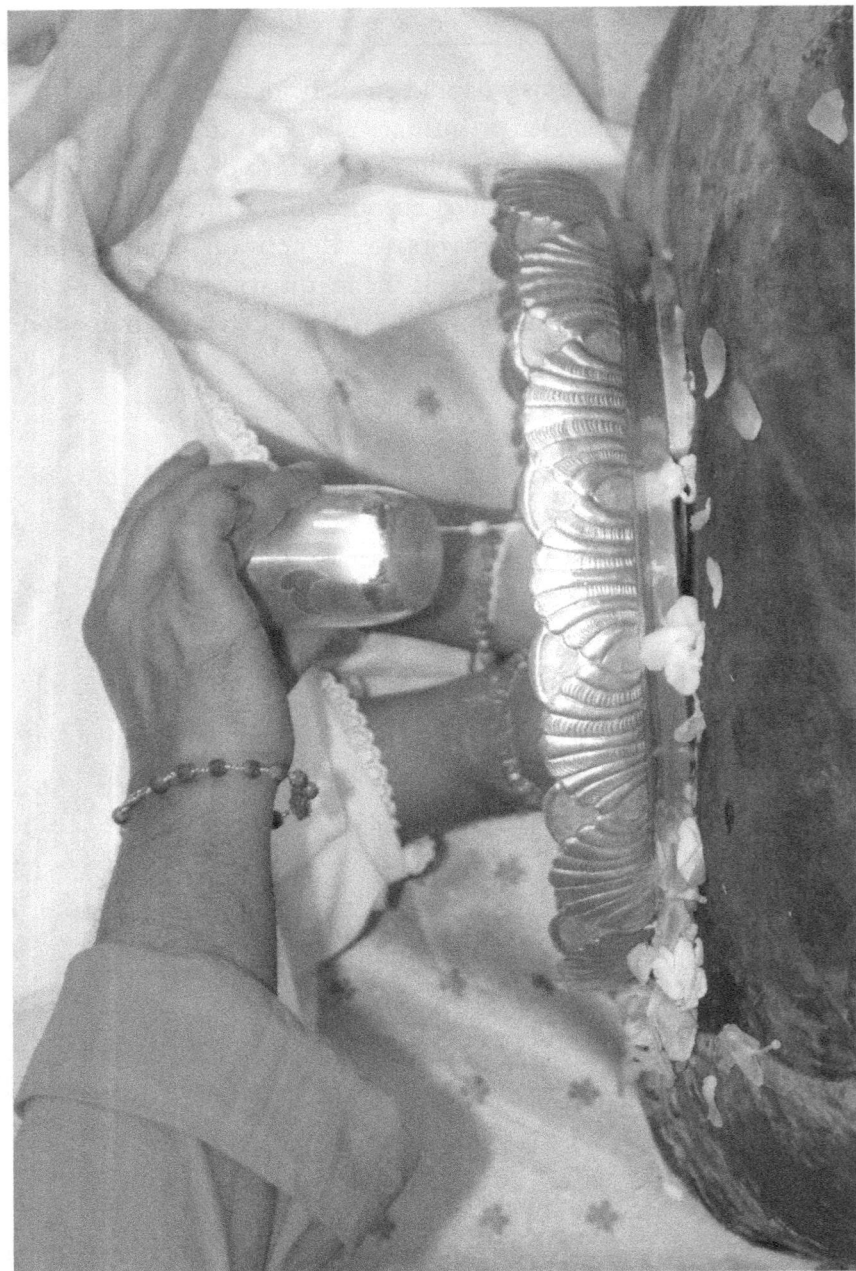

*Swami
Amritasva-
rupananda
realiza la
pada puja
el día del
cumpleaños
de Amma.*

Haciendo revivir
la antigua cultura
de los Rishis

Mensaje de cumpleaños de Amma, 1996

¡Os saludo a todos vosotros, que verdaderamente sois la encarnación del amor y del Ser Supremo!

Los seres espirituales no tienen cumpleaños, aniversarios, etc. Se supone que dejan todo eso. Amma consintió en pasar por todo esto por la felicidad de sus hijos; sin embargo, lo que haría a Amma realmente feliz sería que en este día hicierais el voto de que os empaparéis de los valores de nuestra cultura, restableciendo de ese modo nuestro *samskara* y viviendo según ese voto. Debemos tomar esta firme resolución.

Muchas personas preguntan: "¿Hacia dónde vamos?" Es una pregunta muy importante. ¿Hacia dónde va la India, la tierra de los *Rishis*[21](los antiguos sabios conocedores del Ser)? Es una pregunta que todos debemos hacernos. Y casi es demasiado tarde. No podemos retrasarlo más, porque sería peligroso. Amma no está diciendo esto para asustar a sus hijos. Solo está diciendo abiertamente la verdad. Todavía hay margen para la esperanza. Si reconocemos el peligro que tenemos delante y avanzamos con cuidado, todavía podemos evitarlo.

Esta es la era de la falsedad y la falta de rectitud. La sociedad que crece a nuestro alrededor ha perdido su capacidad de discernimiento. Por la razón que sea, actualmente los nombres de muchos de los individuos que deberían estar guiando a la sociedad tienen

---

[21] Véase el glosario.

una mala reputación. La decadencia del *dharma* es evidente por todas partes. A menudo Amma piensa que realmente tenemos que hacer una revolución. Aquí tiene que producirse un pralaya (disolución), y no debemos esperar al año 2000 para que esto suceda. La revolución tiene que suceder aquí y ahora; no podemos retrasarla ni un minuto más. A lo que Amma se está refiriendo es a una revolución de la mente. Tenemos mente, pero no conciencia. Por eso, tenemos que purificarnos la mente. La espiritualidad es un regalo extraordinario que nos han dado los antiguos sabios. Sin una comprensión de la espiritualidad, la vida está llena de oscuridad. Si no nos empapamos adecuadamente de nuestra cultura espiritual, nuestra vida no tendrá sentido.

En cambio, si comprendemos la espiritualidad y vivimos según sus principios, nuestra vida estará llena de sentido, belleza y alegría. Por eso, es esencial, desde todos los puntos de vista, que hagamos revivir la espiritualidad en nuestra vida. Nuestra Madre *Dharma* sufre una enfermedad del corazón. Necesitamos operarla urgentemente para que se cure. Hijos míos, hoy mismo debéis hacer el voto de llevar esto a cabo.

Bharat, la tierra del dharma.

En la actualidad la gente es reacia incluso a pronunciar la palabra *dharma*. *Bharat* (India) es la tierra del *dharma*. El *dharma* es el principio de la amplitud, la esencia del amor. Se dice que el *dharma* de la India es como la huella de un elefante, que es tan grande que puede contener las huellas de todos los demás animales. Del mismo modo, el *dharma* de la India, la cultura de la India, es lo suficientemente amplia como para incluirlo todo; pero en la actualidad se está deteriorando de todas las formas posibles. Esto no debe seguir más tiempo.

Ciencia y cultura.

Nuestra cultura no es algo que surja de la ciencia; tiene su origen en el *samskara*, y a su vez ese *samskara* se origina en la espiritualidad. Amma no está menospreciando la ciencia, que nos aporta comodidades y capacidades físicas; pero la espiritualidad es esencial para que el *samskara* se forme en la vida.

¿De dónde vino este *samskara* nuestro? Lo obtuvimos de los *Rishis*, los antiguos sabios. Nuestro *samskara* lleva en su interior los principios de vida que pertenecieron al linaje de los *Rishis*. Todavía está dentro de nosotros. No ha desaparecido completamente. En la actualidad se ha vuelto esencial que lo revivamos y lo restablezcamos.

Sabemos lo que hicieron los sabios. La nieve del Himalaya se derrite con el calor del sol y fluye en forma de numerosos ríos en beneficio del mundo. Del mismo modo, el amor, la compasión y la gracia de los sabios, que conocen a *Brahman*, la Realidad Absoluta, fluyen hacia todos los seres vivos. Su amor elimina el ego en nosotros, vuelve nuestra mente tan amplia como el universo y nos inspira a dedicar nuestras vidas al bien del mundo. Este es el *dharma* que sigue el linaje de los *Rishis*. Las vidas incontroladas de las personas actuales crean un muro que detiene el flujo de ese amor y ese desinterés.

El Guru y el discípulo.

Los maestros espirituales y los discípulos de los antiguos *gurukulas* recitaban juntos un determinado mantra[22]. El maestro espiritual estaba más elevado que los discípulos que se sentaban delante de él o ella. Aún así, el maestro recitaba este mantra con sus discípulos:

---

[22] Este *mantra* es el *mantra* introductorio (el *Shanti Mantra* o Invocación de la Paz) de todas las *Upanishads* del *Krishna Yajurveda*. El *Krishna Yajurveda* forma parte del *Yajurveda*, que es uno de los cuatro *Vedas*.

Om sahanavavatu
sahanau bhunaktu
sahaviryam karavavahai
tejasvinavadhitamastu
ma vidvishavahai
Om shanti shanti shanti

Que Dios nos proteja a todos.
Que Él nos haga disfrutar de la dicha del Ser.
Que seamos valerosos y espléndidos.
Que nos esforcemos juntos y nuestros estudios den fruto.
Que nunca nos peleemos.
Om paz, paz, paz.

El linaje de los *Rishis* mostraba esa clase de humildad. No creían que sólo ellos debieran beneficiarse de su sabiduría. ¿Dónde está ahora esa sabiduría que favorecía la humildad y el *samskara*? ¿Qué vemos hoy en las escuelas? Los alumnos creen que son más inteligentes que los profesores. Los profesores reaccionan pensando: "¡Qué arrogantes son! ¿Qué puedo enseñarles?" Sin embargo, ni los profesores ni los alumnos están dispuestos a tratar de estudiar y comprender este problema. Por eso, los profesores se han convertido en meras máquinas y los alumnos son como paredes de piedra. No hay amor entre ellos y no se produce ningún flujo de conocimiento. Hubo un tiempo en el que el ambiente de las escuelas era muy diferente. Tanto los profesores como los niños estaban llenos de entusiasmo. Los niños estaban ansiosos por escuchar al profesor y el profesor estaba ansioso por transmitir su conocimiento a los alumnos. Nunca se aburrían, por mucho tiempo que pasaran juntos.

Antiguamente, la costumbre de tomar apuntes y estudiar con los apuntes era desconocida en las escuelas. Sin la ayuda de un bolígrafo o un libro los alumnos aprendían más que las personas actuales en toda una vida. Memorizaban los *Vedas*, los *vedangas*[23], los *Ithihasas*[24] y las epopeyas. En aquellos días, la educación era lo que los discípulos absorbían de los maestros por medio del amor y sentándose cara a cara con ellos. Los discípulos no sabían lo que era el cansancio. En todo momento se estaban desarrollando. Donde hay amor nada puede ser nunca una carga. Al igual que el capullo floreciente de una flor, el amor del maestro abre el corazón del discípulo. La gracia del maestro fluye espontáneamente hacia el corazón del discípulo. En aquellos tiempos los discípulos no solo oían cada palabra del profesor, sino que la experimentaban. Esa era la forma de educar entonces. ¿Qué ha sucedido con nuestro sistema educativo en la actualidad?

Amar a nuestros hijos

Antaño se enviaba a los niños a la escuela a los cinco años. En la actualidad a menudo se inicia a los niños en el alfabeto cuando apenas tienen dos años y medio. También les traen aquí a Amma para esta iniciación.

Hasta que los niños tienen cinco años solo hay que amarles y darles libertad. No debe limitarse su libertad. Hay que permitirles jugar con libertad. Debemos asegurarnos de que no se hagan daño; por ejemplo, de que no se quemen o se caigan al agua. Eso es todo. No importa las travesuras que hagan: a los niños pequeños solo se les debe amar. Hay que criarlos en la matriz del amor, igual que fueron llevados en el útero de su madre; pero esto no sucede en la actualidad. A muchos de ellos se los envía a la escuela cuando son demasiado pequeños y no experimentan más que tensión. Es como introducir gusanos en los capullos que están destinados a convertirse en bellas y aromáticas flores. Aunque los capullos infestados de gusanos florezcan serán deformes. A medida que

---

[23] Los *Vedangas* son ramas del conocimiento auxiliares de los *Vedas*.
[24] Historia épica.

los niños crecen, su mente se atrofia por las cargas innecesarias que se les obliga a llevar. Para que esto cambie, primero los padres tienen que conseguir una cierta comprensión de la espiritualidad y después deben transmitírsela a sus hijos. Todos deben conocer el papel de la espiritualidad en la vida. La educación material nos ayuda a conseguir un trabajo para llenarnos el estómago, pero la vida no queda satisfecha solo con eso.

Espiritualidad: la plenitud de la vida.

La vida solo se vuelve perfecta cuando absorbemos la espiritualidad. La ausencia de espiritualidad es la causa de los problemas actuales. Sin espiritualidad no podemos eliminar el descontento del mundo.

Recientemente, una actriz de cine muy famosa se suicidó. Aparentemente no tenía a nadie que la amase. Cuando no recibes nada de amor de la persona de quien lo esperas, a la vida no le queda ningún sentido. Así es en el mundo actual; pero esto no sucederá si se asimilan los principios espirituales. Esta comprensión nos enseñará en qué consisten la vida y el amor verdaderos. Actualmente nadie intenta revivir o practicar el *dharma* que lleva a la inmortalidad en lugar de empujarles hacia la muerte. En cambio, la gente derrama lágrimas, lamentándose de que la vida solo traiga dolor. Se suicidan o rechazan el *dharma* por ser demasiado anticuado. En lugar de decir esto, intentemos vivir según el *dharma*. Entonces nos daremos cuenta en qué consiste realmente la vida, qué significan realmente la felicidad y la belleza.

Aire acondicionado para la mente

Hijos míos: Mientras la ciencia refrigera el mundo exterior, la espiritualidad refrigera el mundo interior. La espiritualidad es el conocimiento que refrigera la mente. La espiritualidad no tiene nada que ver con la fe ciega. Es el principio que disipa la oscuridad.

Si sostienes chocolates en una mano y una moneda de oro en la otra y se las enseñas a un niño, ¿qué mano escogerá? La del chocolate. El niño no entiende que con esa moneda se pueden comprar muchos chocolates. Así es como somos en la actualidad. Debido a la atracción del mundo material perdemos el sentido de la realidad.

Dios es la dulzura de la que nunca podemos saciarnos. Dios es la fuente tanto de la liberación como de la prosperidad mundana. Actualmente la gente está renunciando a Dios y corriendo detrás de beneficios materiales que solo duran unos instantes. El único resultado posible es el desengaño. Cada momento en que os refugiáis en Dios es de dicha y prosperidad. Nada puede igualarlo. El tiempo que se pasa meditando en Dios nunca se desperdicia. Nadie que meditara en Dios ha muerto nunca de hambre. Por eso no hay que pensar nunca que la meditación sea una pérdida. Tenemos que resucitar ese camino. Hay que animar a otros a seguir ese camino. Este no puede ser nunca un negocio con pérdidas; solo recogeréis beneficios.

Dios es experiencia.

Solo por la meditación podemos llegar a Dios, que está dentro de nosotros. No se puede saber lo bella o aromática que es una flor cuando todavía es un capullo. Tiene que florecer. Hijos míos, abrid el capullo de vuestro corazón. Indudablemente, podréis disfrutar de esa dicha. No es posible ver una corriente eléctrica, pero podemos experimentarla si tocamos un cable por el que pasa la electricidad. Dios es una experiencia. La meditación es el camino hacia esa experiencia. Esforzaos por ello, hijos míos, y seguro que tendréis éxito.

¿Por qué?

Muchos hijos vienen a Amma diciéndole: "Amma, no puedo reír de verdad. No puedo hablarle a nadie con el corazón abierto. Siempre estoy triste".

Hijos míos, preguntaos la razón de esa tristeza. Preguntaos: "¿Qué es lo que me falta que causa esta tristeza? ¿Qué peso estoy llevando?" Si lo hacéis, encontrareis una respuesta.

Mirad la Naturaleza. Mirad aquel árbol que está allí, con qué felicidad se mece en el viento. Y mirad esos pájaros. Están cantando, olvidando todo lo demás. Y aquel arroyo de allí, lo alegremente que fluye, cantando melodiosamente. Y esas plantas, y las estrellas, el sol y la luna. En todas partes solo hay dicha. Estando en medio de todo ese gozo, ¿por qué somos los únicos que nos lamentamos? ¿Por qué somos los únicos infelices? Reflexionad sobre esto y lo entenderéis. Ninguno de esos elementos de la naturaleza tiene ego. Solo nosotros lo tenemos. "Soy esto y aquello, quiero convertirme en eso, quiero aquello": eso es lo que pensamos todo el tiempo. Pero este "yo" por el que estamos tan preocupados no nos acompañará cuando muramos. El sentido del "yo" no nos puede proporcionar ningún beneficio. Si nos aferramos a ese "yo" no habrá nada más que sufrimiento. Por eso, hijos míos, dejad ese "yo" y elevaos. Entonces seréis felices y os regocijaréis. Sed felices, hijos míos. Solo este momento es vuestro. No podemos estar seguros de que tomaremos la próxima respiración. Así que tratad de alegraos, sin apenaros ni por un instante; pero eso no es posible sin abandonar el sentido del "yo".

Este es un regalo benévolo que los antiguos *Rishis* nos han dejado por su gracia. Hijos míos, empezad a vivir según ese conocimiento, sin desperdiciar ni un momento. De otro modo, esta vida no tendrá sentido. No penséis que podréis hacerlo mañana, porque el mañana en realidad solo es un sueño. Incluso ahora vivimos un sueño. No es más que eso. Mientras que un sueño corriente termina en una noche, este sueño es largo. Solo despertándonos de este sueño podemos conocer lo que es la realidad. Y a lo que despertamos es a Dios. Debemos sentirnos seguros de ello, porque solo entonces podremos despertar de este sueño. Cada momento que pasa es sumamente valioso y no hay que desperdiciarlo. Es una tontería dejar nuestro despertar para mañana y acomodarnos en el sueño. El mañana es una pregunta sin respuesta. Es como sumar cuatro y cuatro y decir que suman nueve. Nunca sumarán nueve. No hay nada más valioso que este momento que tenemos ahora. No dejéis nunca que se malgaste. Hijos míos, agarrad el momento actual y aprended a reíros con un corazón abierto. Tratad de aseguraros de que la sonrisa de vuestros labios no desaparezca nunca. Tratad de no herir a nadie en pensamiento, palabra u obra.

Haz que este momento sea dichoso

Actualmente nuestra mente piensa en el pasado y en lo que está por llegar. Por eso nos perdemos el momento presente, que hay que disfrutar.

Un hombre compró un helado y lo dejó delante de sí, dispuesto a comérselo. Se metió una cucharada en la boca y se puso a pensar: "Tengo un ligero dolor de cabeza. Empezó esta mañana. El restaurante en el que comí anoche no estaba limpio. Toda la comida estaba al aire. ¿Pudo haberse caído una lagartija o algo así en la comida? La joyería que había cerca del restaurante, ¡había tantas cosas bonitas expuestas...! Y la ropa del escaparate del otro lado de la calle era muy elegante ¿Podré permitirme alguna vez esas cosas? Apenas puedo sobrevivir con mi sueldo actual. ¡Lo que ha terminado siendo la vida! Oh, si hubiese nacido en una familia rica... ¡Si hubiese estudiado más en la escuela... Pero no ha sido así". Siguió pensando de este modo mientras se comía el helado. Ni siquiera se daba cuenta de cómo sabía el helado. Su mente estaba en otro lugar. En esos momentos era como si ya estuviera muerto. Dándole vueltas al pasado y a lo que estaba por llegar, desperdició los maravillosos momentos que se le habían dado para disfrutar. Por eso Amma dice que el pasado es como un cheque anulado. Es inútil pensar en el pasado. Darle vueltas al pasado es como abrazar a un cadáver. Las personas que están muertas nunca regresarán a nosotros. El tiempo que ha pasado no regresará. Del mismo modo, es inútil pensar en lo que puede suceder en el futuro, porque eso también es solo un sueño: puede suceder o no. Solo este momento es útil.

Es como el dinero que tenemos a nuestra disposición. Podemos utilizarlo de cualquier forma que queramos; pero si lo gastamos descuidadamente no obtendremos ningún beneficio de él. El dinero se perderá. Así que hay que gastarlo cuidadosamente. Debemos utilizar el discernimiento en cada paso. Solo entonces podremos avanzar con valentía por nuestro camino de acción. Debemos ser firmes en nuestra determinación de asimilar este principio.

La necesidad de acción desinteresada.

En general, en la vida suceden dos cosas: realizamos acciones y experimentamos sus resultados. Si hacemos acciones positivas, los frutos serán buenos, mientras que las acciones negativas solo pueden producir frutos malos. Por eso, hay que llevar a cabo todas las acciones con mucho cuidado.

Algunos tratan de desanimar a los que realizan acciones. Han leído libros de *Vedanta* y dicen: "¿No hay un solo Ser (*Atman*)? Entonces, ¿a qué otro Ser puede servir este Ser?" Pero podemos ver que hasta los que hacen esta pregunta están muy apegados a sus necesidades físicas. Esperan ansiosamente que sea la una para poder almorzar. Se sienten inquietos y se enfadan si no les dan la comida exactamente a la hora. ¿Dónde se va su conocimiento del Ser cuando tienen hambre? No preguntan: "¿Qué necesidad tiene el Ser de comida?" No transigen cuando se trata de necesidades del cuerpo como comer, dormir, llevar buena ropa, etc. Solo se muestran reacios cuando se trata de hacer el bien a los demás. Esta no es la verdadera opinión del *Vedanta*. Sólo es la forma de argumentar de personas vagas que se quedan sentadas sin hacer nada. No nos sirve para nada. El verdadero conocimiento no está en la acción como tal, sino en la inactividad, en la sensación de que en realidad no se está haciendo nada incluso cuando se realizan acciones.

La verdad es que no podemos estar ni un instante sin hacer nada. Aunque no seamos activos físicamente, lo somos mentalmente. Cuando dormimos realizamos acciones en nuestros sueños. Y nuestra respiración y otras funciones corporales prosiguen automáticamente. No hay forma de evitar la acción. Entonces, ¿por qué no hacer algo que beneficie al mundo de alguna forma? ¿Y estaría mal que se tratara de un trabajo físico? Las acciones desinteresadas debilitan nuestras tendencias innatas indeseables. Solo si tenemos pensamientos, palabras y obras buenas podemos superar las tendencias que hemos acumulado hasta ahora.

Antiguamente los maestros espirituales encargaban tareas como recoger leña, regar plantas y lavar la ropa a los discípulos que iban a estudiar *Vedanta* con ellos. El servicio desinteresado es imprescindible para trascender el egoísmo y el apego al cuerpo físico. Por tanto, nadie debe ser holgazán o desanimar a los que trabajan.

Aquellos en cuyo corazón surge la compasión cuando ven el sufrimiento de los demás no pueden quedarse sentados sin hacer nada. La gracia de Dios solo fluye hacia el corazón que siente esa compasión. Si la gracia divina llega a un lugar en el que no hay compasión, no produce beneficio alguno. Es como verter leche en un cuenco que no se haya lavado. La pureza interior solo puede lograrse realizando acciones que beneficien a los demás.

Había una vez un rey que tenía dos hijos. Había llegado el momento de que el rey se marchase al bosque para llevar una vida de ermitaño[25]. ¿Cuál de sus hijos sería el sucesor? Pensaba que el que fuera a ser el rey tenía que querer al pueblo. Le estaba costando decidirse. Llevó a sus dos hijos a su maestro espiritual, que podía ver el futuro, y le explicó su deseo. El maestro le escuchó y dijo:

—Dentro de unos días voy a ir a una isla cercana. Envía allí a los príncipes. No deben ir a caballo ni utilizar ningún medio de transporte. Tampoco envíes sirvientes con ellos. Dales solo algo de comida para el viaje.

El día señalado por el maestro el rey envió a los dos príncipes a la isla. Como el maestro le había indicado, los envió sin ninguna clase de transporte o acompañamiento. El mayor de los príncipes salió primero. En el camino un mendigo se le acercó y le suplicó:

—¡Estoy muriéndome de hambre! No he comido nada en dos días. Te lo suplico, dame algo de comer.

Al príncipe esto no le gusto nada. Regañó a los que estaban presentes.

—¿No soy el hijo mayor del rey? ¿Es correcto dejar que los mendigos se dirijan a mí?

Les advirtió que esto no debería repetirse y prosiguió su viaje.

Poco después el príncipe más joven llegó andando por el mismo camino. El mismo mendigo se le acercó y le pidió comida. El príncipe pensó: "He comido esta mañana. Este pobre hombre no ha comido nada en dos días. ¡Qué cosa más triste!"

El príncipe más joven no reanudó su camino hasta haber consolado al pobre hombre y haberle dado el paquete de comida que llevaba.

Para llegar a la isla los príncipes tenían que cruzar un río. Cuando llegaron a la orilla del río se encontraron con un leproso cuyo cuerpo estaba completamente cubierto de heridas llenas de

---

[25] *Vanaprastha*: la tercera etapa de la vida.

pus. El leproso no sabía nadar. Estaba pidiendo ayuda para cruzar el río. El mayor de los príncipes se tapó la nariz por el hedor del leproso y vadeó el río.

Sin embargo, el segundo príncipe sintió que no podía dejar tirado al pobre leproso. "¡Pobre hombre!", pensó. "Si no le ayudo, ¿quién lo hará?" Se puso al leproso sobre los hombros y entró en el río. De repente el agua empezó a subir. Un gran deslizamiento de tierras río arriba había provocado una corriente muy fuerte en el río. El príncipe mayor no podía encontrar un punto de apoyo firme. El agua subía rápidamente. Trató de nadar, pero no lo consiguió y fue arrastrado por la corriente. Aunque el nivel del agua seguía subiendo, el príncipe más joven no quería soltar al leproso. Intentó nadar llevándolo en brazos. Sus brazos y piernas se debilitaban. No podía seguir más. Justo entonces vio un árbol que había sido arrancado de raíz flotando río abajo. Se agarró a él e hizo que el leproso hiciera lo mismo. Sujetándose al árbol llegaron a salvo a la otra orilla. El príncipe dejo allí al leproso y fue a ver al maestro espiritual.

La compasión del joven príncipe había regresado a él como gracia bajo la forma del árbol que le había salvado. La gracia les llega automáticamente a los que son compasivos. No es posible escapar de una corriente muy fuerte, por muy buen nadador que se sea. En esas circunstancias la gracia divina es el único refugio. Y esa gracia no puede recibirse sin hacer buenas acciones. Hijos míos, todas vuestras acciones deben estar llenas de compasión.

La gracia es necesaria para el éxito

A menudo vemos anuncios de ofertas de trabajo en los periódicos. El candidato debe, por ejemplo, ser licenciado, tener una determinada estatura y llevar un certificado médico, así como referencias. Solo los que cumplan esos requisitos pueden solicitar el trabajo. Cuando el examen escrito y la entrevista han concluido, resulta que algunas de las personas que contestaron correctamente todas las preguntas no han sido seleccionadas para el empleo, mientras que algunos de los que no hicieron nada bien las preguntas han sido seleccionados.

Eso sucede a menudo. ¿Por qué razón? Los que no fueron seleccionados no tenían la gracia que fundía el corazón del entrevistador, mientas que los que tenían esa gracia conseguían el empleo aunque algunas de sus respuestas no fueran correctas. De este modo, el éxito de cualquier esfuerzo también depende de la gracia. En cualquier empresa la perfección solo se logra si esa gracia está presente por encima de cualquier esfuerzo humano. Solo entonces puede la vida fluir hacia adelante; pero la gracia no puede lograrse sin la pureza de las propias acciones.

Dar solo a los que se lo merecen

El noventa por ciento de los hijos de Amma que se han reunido hoy aquí no han comprendido adecuadamente la espiritualidad. Cada persona solo puede asimilar las cosas según su capacidad de pensamiento y su *samskara*. Por tanto, cuando se explican las cosas hay que ir al nivel de cada persona. No podemos darle el mismo consejo a todo el mundo. Las mismas palabras serán entendidas de forma diferente por personas diferentes. Esa es la razón por la que se dice que hay que conocer al que escucha antes de impartir instrucciones espirituales.

Suponed que los zapatos de una zapatería son todos del mismo estilo y tamaño. Aunque entren cientos de compradores, solo hay una talla disponible. Esa tienda no será muy útil, aunque almacene cantidad de zapatos. Tiene que haber diferentes tallas disponibles para que la gente pueda escoger la talla que le vaya bien. Nuestra cultura, el *Sanatana Dharma*[26](el Principio Eterno) tiene cabida para múltiples caminos diferentes. Para elevar a personas de dis-

---

[26] *Sanatana Dharma* (el Principio Eterno) es el nombre tradicional del hinduismo.

tintos orígenes culturales hay que llevar a cada una de ellas por un camino que sea adecuado para su mente y sus circunstancias vitales concretas. Solo entonces podremos llevarlos hasta la meta.

Hay una verdad y los sabios la llaman de diferentes maneras

El hinduismo se refiere a muchas deidades diferentes. Los rituales y las prácticas que predominan en distintas partes de la India son diferentes. La gente de la India ha crecido en diferentes culturas. Esta tierra ha sido gobernada por gobernantes de distintos países. Por eso surgieron distintas formas de culto adecuadas para las diferentes culturas y deidades; pero el Poder-Conciencia que existe en todas ellas es el mismo. Utilicéis jabón verde, azul o rojo, la espuma será blanca. Del mismo modo, el Poder-Conciencia de las diferentes deidades es el mismo. Ese Poder-Conciencia es el Dios único que debemos conocer. También existe en nuestro interior. Es omnipresente. Está presente en el cuco cantarín, el cuervo que grazna, el rugiente león y el mar estruendoso. Es el mismo poder que ve por nuestros ojos, oye por nuestros oídos, saborea por nuestra lengua, huele por nuestra nariz, siente por nuestra piel e impulsa nuestras piernas cuando caminamos. Ese poder es el que lo llena todo. Hay que experimentarlo.

Cultivad la actitud de entrega

Nuestra devoción no debe parecerse al estado de un monito. El monito se aferra a la barriga de su madre. Si se soltara cuando la madre salta de una rama a otra del árbol, el bebé se caería al suelo. Nuestra oración debe ser: "¡Madre, sujétame!" Debemos tener ese sentido de entrega. Entonces no hay nada que temer. Aunque se nos soltaran las manos, el firme agarre del Supremo nos protegería.

El gatito solo sabe llorar. Su madre lo recoge con la boca y lo lleva a un lugar seguro. El gatito no tiene que tener miedo porque su madre no lo va a soltar. Debemos rezar: "¡Oh, Madre, dame la mano y guíame!" Mientras nos guíe no podemos caernos en ningún agujero o zanja. Ella no permitirá que nos perdamos entre nuestros juguetes (las atracciones mundanas). Nos guiará hasta la meta. Esa es la actitud que debemos cultivar.

La práctica de repetir un mantra

Repetir un mantra es una práctica espiritual que podemos realizar fácilmente y siempre. Hijos míos, habéis venido aquí en autobús. ¿No podéis recitar vuestro mantra desde el momento en que os subís al autobús hasta que llegáis aquí? ¿Y también en el camino de vuelta? ¿Por qué no convertís en una práctica el recitar mientras viajáis? ¿Por qué arruinar nuestra paz mental y nuestra salud hablando de otras cosas durante ese tiempo? Al repetir un mantra se consigue no solo paz mental sino también beneficio material. No solo conseguimos a Dios, sino también las glorias de Dios.

El servicio a la humanidad es servicio a Amma

Gracias a los esfuerzos de todos los hijos de Amma, nuestro *ashram* ha tenido la buena fortuna de poder dar una gran cantidad de servicio en un corto espacio de tiempo. Si os concentráis en ello, podemos hacer mucho más por el mundo. En cuanto se supo que estábamos planeando construir veinticinco mil casas para los pobres, recibimos más de cien mil solicitudes de personas que querían un hogar. La mayoría de los solicitantes merecen recibir una casa. Si los hijos de Amma deciden ayudar, podemos construir una casa para todas las personas que no tienen un lugar donde dormir. No hay duda sobre ello. El dinero que derrochamos en nuestra vida cotidiana sería suficiente para lograrlo.

"A partir de hoy no fumaré. Dejaré de beber alcohol. En lugar de comprarme diez conjuntos de ropa cada año, me compraré nueve". Hijos míos, tomad decisiones como estas y emplead el dinero que os sobre en construir casas para los pobres. Entonces, dentro de diez años no quedarán barrios de chabolas en ningún lugar del país. Algunas madres acuden a Amma y le dicen: "Amma, anoche llovió y nuestra choza tenía goteras por todas partes. Para evitar que el bebé se mojase tuve que sostener una esterilla [hecha de paja tejida o plástico] sobre su cabeza". Imaginaos esto, hijos míos: la madre quedándose despierta toda la noche por la lluvia torrencial, sosteniendo una esterilla sobre su bebé para que el bebé pudiera dormir sin empaparse dentro de la choza con goteras. Al mismo tiempo, hay personas que se gastan miles de rupias en alcohol y drogas.

¿Por qué decidió Amma construir tantas casas? Porque pensaba en el sufrimiento de sus hijos. No pensaba en nada más. Si hemos podido hacer todo lo demás que hemos hecho en tan poco tiempo, esto también es posible. Hemos recibido cien mil solicitudes. Podemos construir cinco mil casas al año. Si todos vosotros quisierais, podríamos hacer aún más. ¿No tiene Amma innumerables hijos? Si dejaseis de fumar dos años podríamos construir una casa con el dinero que ahorrarais. Solo dos habitaciones son suficientes para que una familia duerma sin que le moleste la lluvia. Hijos míos, recordad esto cuando gastéis dinero innecesariamente.

Algunos de vosotros bebéis alcohol, fumáis *ganja* (hachís), etc. Queridos hijos míos, si hacéis eso, realmente estáis consumiendo sangre y lágrimas: la sangre y las lágrimas de las madres, las esposas[27], los hijos y los hermanos de vuestra familia. Hijos míos, pedidle a Dios fuerza para acabar con esas malas costumbres. El alimento de Amma es la mente de aquellos de sus hijos que carecen de envidia y de maldad. Si tenéis esa clase de mente, esa es la dicha de Amma. Por eso, pedidle a Dios, hijos míos, que os libere de toda envidia y obtengáis la fuerza necesaria para hacer

---

[27] En *Kerala* es muy infrecuente que las mujeres indias fumen o consuman drogas.

cosas positivas. Pedid fuerza para deshaceros de vuestras malas costumbres. Pedid una mente que solo vea lo bueno en todo, como una abeja que solo saborea la miel de cada flor.

Amma siempre habla sobre la entrega. Hagáis lo que hagáis, tratad de hacerlo como una ofrenda a Dios. Rezad para que siempre podáis ver todo como la voluntad de Dios. Esa entrega debe ser la meta de nuestra vida.

Un ideal para una India libre

Mensaje de cumpleaños de Amma, 1997

Os saludo a todos vosotros, que realmente sois la encarnación del amor y del Ser Supremo. Todos mis hijos se han reunido aquí con paciencia y entusiasmo. Si podéis mantener estas cualidades durante toda la vida, todo vendrá a vosotros, porque la paciencia y el entusiasmo son lo que da el éxito en la vida.

Algunas personas son entusiastas, pero no tienen paciencia. Otras son pacientes, pero carecen de entusiasmo. El noventa por ciento de los jóvenes son entusiastas, pero no vemos mucha paciencia en ellos. Se precipitan y hacen las cosas sin pararse a pensar. Por su falta de paciencia, a menudo no consiguen sus objetivos. Por el contrario, las personas de sesenta o setenta años a menudo son muy pacientes. Sus experiencias vitales les han permitido adquirir cualidades como la paciencia, el sentido del discernimiento y la inteligencia, pero no tienen mucho entusiasmo. Si se les pregunta por qué, dirán: "Mi cuerpo ha perdido su fuerza; ya no puedo moverme como me gustaría". Eso es lo que vemos en la actualidad.

Mirad a una niña pequeña. Es tan entusiasta como paciente. Trata de ponerse de pie, se cae y vuelve a intentarlo. Se niega a dejarlo, aunque se haga daño en el proceso. Finalmente, consigue levantarse debido a su continuo esfuerzo, porque no perdió ni la paciencia ni el entusiasmo. La niña sabe que su madre está ahí para protegerla, para limpiarle la sangre y ponerle pomada en una herida si es necesario. La bebé es optimista sobre su éxito porque su madre está cerca, siempre a mano para ayudar a la niña en sus esfuerzos. La paciencia, el entusiasmo y el optimismo: estas tres cualidades deben ser los mantras de nuestra vida. En todos los campos podemos observar que los que tienen fe logran el éxito, mientras que los que no la tienen pierden la fuerza.

Una empresa de zapatos envió a dos hombres a vender sus productos en una aldea lejana. Unos días después uno de los vendedores envió un mensaje a la empresa. "Toda la gente de aquí son aborígenes. No saben nada de zapatos. Aquí sería imposible vender nada, así que regreso ahora mismo". Pero el mensaje del otro vendedor era bastante diferente. Escribió: "La gente de aquí son aborígenes. No saben nada de zapatos. Caminan y duermen en la suciedad. Si les mostramos los beneficios de llevar zapatos podemos venderles muchas sandalias. Así que enviad un cargamento de sandalias ahora mismo". El vendedor con fe optimista tuvo éxito.

Si tenemos fe en que Dios siempre está con nosotros para ayudarnos en cualquier crisis, tendremos la energía y el entusiasmo que necesitamos para trascender cualquier obstáculo de la vida y nuestro optimismo para el éxito nunca nos dejará.

Rama, *Krishna*, Cristo y Mahoma: todos ellos afrontaron muchos obstáculos, pero nunca flaquearon. Nunca miraron atrás. Sencillamente siguieron avanzando. Por eso siempre los acompañó el éxito. Aún hoy siguen vivos. Cuando Amma dice esto, podéis pensar: "¿Pero no eran todos ellos avatares?[28] Ellos sí que podían hacer esas cosas; pero, ¿cómo pueden las personas corrientes como nosotros ser nada parecido a ellos?" Hijos míos, ninguno de vosotros es una persona corriente. Todos vosotros tenéis poderes extraordinarios. Hay una fuerza infinita dentro de nosotros, pero por ahora está dormida. Solo tenemos que despertarla. Entonces la victoria es segura.

---

[28] Encarnaciones del Ser Supremo

Recibir la gracia

Nuestro cuerpo ha crecido, pero nuestra mente no ha crecido. Para que nuestra mente se haga tan grande como el universo, tenemos que convertirnos en niños. Tenemos que despertar al niño que hay en nuestro interior. Solo un niño puede crecer. Lo que tenemos actualmente dentro de nosotros es el ego, y nada puede lograrse con ese sentido del "yo". Este tiene que desaparecer y su lugar debe ocuparlo un sentido de amplitud.

Amar a Dios es sentir veneración por todo; no solo significa rezar. Dios no es alguien sentado en algún lugar en lo alto del cielo. La morada de Dios está dentro de cada uno de nosotros y tenemos que desarrollar esta conciencia. El principal ingrediente necesario para ello es la humildad. Tenemos que aprender a tener siempre la actitud de un principiante, porque entonces no habrá arrogancia; pero para hacerlo tenemos que renunciar a algo grande. Tenemos que renunciar al "yo". El sentido del "yo" es el obstáculo para todo. Al soltarlo nos aseguramos el éxito en la vida. Se dice que en cualquier logro es más importante la gracia de Dios que el esfuerzo que realizamos. Nuestro ego es el obstáculo para esa gracia. De modo que tenemos que renunciar al ego de algún modo. Nuestra renuncia nos hará grandes.

Sin embargo, para tener derecho a la gracia hace falta crear un buen *karma*. Siempre decimos: "Dame esto. Dame aquello". Pero no hemos aprendido a decir: "Gracias". Tenemos que aprender a expresar gratitud en todas las circunstancias. En lugar de pensar en lo que podemos obtener de los demás, siempre debemos pensar en lo que podemos hacer por los demás. Esa es la actitud que debemos cultivar.

Un hombre fue a visitar a un amigo a su nueva casa. Cuando llegó se quedó fuera un rato disfrutando de la belleza de la gran mansión. Cuando el propietario salió a recibirle, le preguntó con asombro:

—¿Cuántas personas viven en esta casa?

—Vivo aquí solo —le respondió su amigo.

—¿Vives aquí solo? ¿Esta es tu casa?

—Sí.

—¿De dónde sacaste el dinero para construir una casa como esta siendo tan joven?

—Me la hizo construir mi hermano mayor. Tiene mucho dinero.

Mientras el visitante se quedaba en silencio, el amigo le dijo:

—Sé lo que estás pensando. ¿No te gustaría tener también un hermano así?

—No —dijo el visitante—. Estaba pensando que si fuera rico como tu hermano también podría regalar una casa como esta.

Hijos míos, esa es la actitud que debemos tener, la actitud de querer dar. Solo los que dan pueden recibir. Dando recibimos paz mental.

Hay muchas clases de ondas viajando a nuestro alrededor por la atmósfera. Los pensamientos también son ondas. Por eso decimos que hay que expresar con cuidado cada pensamiento y cada palabra. Se dice que la tortuga incuba sus huevos con los pensamientos, el pez con la vista y la gallina con el contacto corporal. Nuestras ondas de pensamiento también son poderosas. Si nos enfadamos con alguien que no ha hecho nada malo, esa persona se sentirá herida y dirá: "¡Oh, Dios, no sé nada de esto! ¿Por qué dicen esas cosas?" La onda de dolor que viene de esa persona nos alcanzará y el aura sutil que nos rodea la capturará y la absorberá. Eso oscurecerá nuestra aura como el humo que cubre un espejo. Igual que el humo dificulta que la luz llegue a un espejo, la oscuridad causada por esa onda de dolor nos impedirá recibir la gracia divina. Por eso se nos pide que dejemos los malos pensamientos y que cultivemos pensamientos sobre Dios. Cultivando un recuerdo constante de Dios, nos volvemos como Dios.

Algunos piensan: "Me volveré bueno cuando otros sean buenos". Eso es como planear bañarse en el mar cuando todas las olas se hayan calmado. No debemos perder la ocasión de hacer el bien a los demás, de ayudar a los demás. Ningún pensamiento de que otras personas no nos hayan correspondido debe impedirnos nunca hacer el bien a los demás.

Tenemos que cultivar la compasión en nuestro interior. La compasión debe brillar en todos nuestros pensamientos y nuestras palabras.

Las acciones y sus frutos

A veces se dice que nuestra vida debe ser como nuestros ojos, porque los ojos ajustan el enfoque en función de si el objeto está cerca o lejos. Así es como somos capaces de ver las cosas. Del mismo modo, debemos adquirir una mente que pueda adaptarse a cualquier situación de la vida. Eso se vuelve posible por la espiritualidad. Necesitamos tener paz en el corazón para poder adaptarnos a las distintas situaciones. Solo por la meditación podemos encontrar verdadera paz.

En la actualidad somos como máquinas obedientes. No debemos ser así. Tenemos que estar despiertos y poseer un sentido de discernimiento. Si la vida corriente es como ir en coche por la carretera, la vida espiritual es como volar en avión. Los coches de la carretera solo pueden moverse por el suelo. No pueden elevarse ni una pizca sobre el suelo. Pero los aviones son diferentes, ya que se mueven por el suelo y después se elevan a grandes alturas. Cuando subimos a grandes alturas, obtenemos la capacidad de verlo todo como un testigo.

Muchas personas dicen que no han hecho nada malo a sabiendas y aun así tienen que sufrir. Una cosa es segura: solo experimentamos los frutos de lo que hemos hecho. Nunca podemos evitarlo. Si se suelta un ternero entre mil vacas, encontrará a su madre e irá hasta ella. Del mismo modo, los frutos de nuestras acciones nos llegarán a nosotros, y solo a nosotros. Dios no ha creado a nadie solo para que pueda ser castigado.

En una familia había tres hijos. Sus padres murieron. Todos los chicos eran licenciados universitarios, pero todavía no habían encontrado trabajo. Un hombre rico sintió pena por ellos. Los invitó a su casa y les dio sendos empleos. A los tres les dio el mismo puesto. Uno de ellos empezó a aceptar sobornos. El jefe le advirtió varias veces, pero él no escuchaba. Por eso, como no era apto para ocupar un puesto elevado, lo sacaron de ese puesto y le dieron el empleo de portero. El segundo hermano era disciplinado y honesto; pero iba a recoger su paga exactamente al final de cada mes. No esperaba ni un día más. Como era disciplinado y sincero, el jefe le ascendió. El tercer hermano no era como los otros dos. Como el segundo hermano, realizaba su trabajo con honestidad y disciplina; sin embargo, rechazaba el salario que le ofrecían al final de cada mes diciendo: "Me has dado este trabajo y una casa. Me das comida, ropa y todo lo demás que necesito. Así que, ¿para qué quiero un sueldo?" Algún tiempo después el hombre rico falleció. En el testamento le dejó todas sus riquezas al joven que trabajaba sin aceptar un salario. Al final, la persona que trabajó con honestidad fue ascendida a un puesto superior; el que aceptaba sobornos y era deshonesto recibió el trabajo inferior de portero; pero el que había trabajado según los deseos de su benefactor, con la actitud de no querer nada para sí mismo, acabó heredándolo todo. Esa es también nuestra situación. Lo que experimentamos son los frutos de nuestras acciones.

En la vida solo suceden dos cosas: realizamos acciones y experimentamos sus frutos. Las acciones positivas producen frutos buenos y las acciones negativas producen frutos malos. Una acción no es solo lo que hacemos con las manos y los pies. Los pensamientos también son acciones. Hablar mal de otros es una acción negativa cuya consecuencia es sufrimiento.

Pero cuando sufrimos no debemos lamentarnos pensando que somos pecadores. Comprendiendo que ahora estamos experimentando los frutos de nuestras acciones pasadas negativas y que no debemos repetirlas, tenemos que tomar la decisión de llenar de acciones positivas el resto de momentos de nuestra vida. No os condenéis como pecadores, inútiles, etc. Dejadlo todo a la Voluntad Divina y llevad una vida llena de compasión y servicio. Esa es la forma más sencilla de lograr la paz en la vida.

Hijos míos, debéis saber que nada sucede según nuestra voluntad. Si ponemos diez huevos a empollar, no veremos que todos ellos se empollan del modo en que se supone que deberían hacerlo. Esas cosas nunca pasan. Si nuestra voluntad prevaleciese, los diez huevos se empollarían adecuadamente. Tenemos que adquirir una actitud que lo deje todo a la voluntad de Dios, la actitud de la entrega. Esa debe ser nuestra meta en la vida.

Algunos preguntan: "¿No nos dijo tu *Krishna* que trabajásemos sin cobrar?" En absoluto. Lo que dijo el Señor era que los resultados de nuestras acciones podían no ser los que esperábamos, de modo que nos sentiríamos decepcionados si pusiéramos todas nuestras esperanzas en los frutos de nuestras acciones. No dijo que debiéramos trabajar sin cobrar. Nos pidió que adquiriésemos la actitud de entrega para recibir la remuneración adecuada.

Se dice que la vida está llena de felicidad y de dolor. La vida es como el péndulo de un reloj. El péndulo oscila hacia la felicidad, pero no se queda allí, oscila de vuelta al dolor. La espiritualidad armoniza ambos. Los que saben nadar pueden disfrutar de las olas del mar, mientras que los que no saben nadar se hunden entre las olas. Si conocemos los principios de la espiritualidad, podemos conservar la sonrisa en todas las circunstancias de la vida y ciertamente alcanzaremos la meta. *Krishna* nos aconsejó sobre cómo alcanzar la meta sin desplomarnos por el camino.

Amor conyugal

A Amma vienen a verla muchas clases distintas de personas con diferentes tipos de problemas. Innumerables problemas familiares surgen por asuntos realmente triviales. Con un poco de paciencia, la mayoría de los problemas podrían resolverse. Una pareja aquejada de problemas vino una vez a ver a Amma. De vez en cuando la esposa perdía ligeramente su equilibro mental y después no se acordaba de lo que había dicho. Eso sucedía cuando estaba estresada; pero realmente amaba a su marido. Sabiéndolo, Amma le dijo al marido:

—Hijo, solo tienes que tener un poco de cuidado, eso es todo. Cuando tu esposa te diga esas cosas, tienes que comprender que es por su enfermedad y debes perdonarla. Poco a poco ella se pondrá bien.

Pero el marido no lo aceptaba. Dijo:

—¿Por qué voy a ceder ante ella? ¿No es mi esposa?

Esa era su actitud. ¿Y qué sucedió entonces? La discordia familiar empeoró y la enfermedad de la esposa se agravó. Los miembros de la familia de ella se la llevaron y la vida del marido quedó hecha pedazos. Empezó a beber y se bebió todo lo que poseía. Su vida se convirtió en un infierno. Si hubiera sido más comprensivo con la enfermedad de su esposa y hubiera sido cariñoso y paciente con ella, nada de esto habría sucedido. Así que, hijos míos, debéis tratar de entender cada situación mientras avanzáis por la vida.

Cuando Amma viaja al extranjero la gente de allí a veces le pregunta: "¿En la India no se trata a las mujeres como a esclavas?" Amma les dice: "En absoluto. En la India la relación entre el marido y la esposa se basa en el amor". Se dice que una mujer debe tener tres aspectos o cualidades: el de una madre, el de una amiga y el de una esposa. Los tres deben estar presentes. Es erróneo decir que la esposa solo debe tener una determinada cualidad.

Una mujer no debe ser como un árbol que crece en un macetero [su marido], porque en ese tiesto el árbol no puede crecer hasta el cielo. Un árbol así se debilita porque sus raíces se recortan una y otra vez. Ningún pájaro puede anidar en sus ramas; en él no pueden salir frutos. Un árbol cultivado de esa forma no tiene fuerza; pero trasplántalo a la tierra y veras como crece. Verás como todo su potencial fructifica.

Del mismo modo, es erróneo decir que la Mujer es débil. Es fuerte. Solo tenemos que permitir que esa fuerza se desarrolle, permitir que esa fuerza se descubra a sí misma en lugar de podarle las raíces y encerrarla en un tiesto. Una mujer que desarrolla todo su potencial es como un enorme árbol de sombra que protege la familia, la sociedad y el país.

El marido y la esposa deben convertirse en uno. Esa es la actitud que debemos cultivar. La vida es para compartir, no para poseer. Esto le recuerda a Amma una historia. Había un hombre que era adicto a las carreras de caballos. Perdió todo su dinero en los caballos y su negocio quebró. Regresó a casa y le dijo a su esposa:

—Mi negocio está arruinado. ¿Qué hacemos ahora?

Ella le dijo:

—De ahora en adelante, evita ir a las carreras. Podemos arreglarnos para vivir con lo que tenemos.

—De acuerdo, pero entonces tendrás que dejar de comprar ropa cara —le dijo el marido.

—Vale —dijo la esposa—. Tampoco podemos permitirnos tener un chófer, pero tú sabes conducir.

—Es verdad —convino el marido—. En lugar de eso yo conduciré el coche. Tampoco podemos permitirnos el cocinero. Te ayudaré en la cocina cuando lo necesites.

La esposa asintió felizmente. De esta forma compartieron sus vidas. Recortaron los gastos innecesarios y compensaron la pérdida que habían sufrido. Esa es la clase de vida que tenemos que construirnos.

Convertíos en un único corazón. Convertíos en uno. La vida no es para separarnos unos de otros, acusarnos mutuamente y decir: "¿Quién eres tú para decirme lo que debo hacer?"

El amor es la riqueza de la India. El amor es la misma base de la vida. El noventa por ciento de los problemas físicos y mentales que afrontamos proceden del dolor y la tristeza del pasado. Todos nosotros vivimos con muchas heridas no curadas. La ciencia médica no ha encontrado un medicamento que pueda curar esas heridas; pero hay una cura única para todas ellas: que nos abramos mutuamente los corazones.

Compartid vuestros pensamientos y sentimientos. Esforzaos en reconocer y satisfacer las necesidades de los demás. Mis queridos hijos: cuando se desarrollen el amor y el respeto mutuos, vuestros problemas disminuirán. El amor es la misma base de la vida. La causa de todos nuestros problemas actuales es que ignoramos esto consciente o inconscientemente. Igual que el cuerpo necesita alimento para crecer, lo que necesita el alma es amor. El amor le aporta al bebé una fuerza y una vitalidad que ni siquiera la leche materna puede darle.

Así que, hijos míos, amaos unos a otros y convertíos en uno. Ese es el deseo de Amma. Ese es el ideal que los hijos de Amma deben alentar.

Voto del día de la independencia

La India ha celebrado recientemente el cincuenta aniversario de su independencia. En ese momento Amma estaba en el extranjero. Cuando subíamos a los aviones, yendo de una ciudad a otra, los que volaban con Amma leían los periódicos y le decían con tristeza:

—¡Amma, mira lo que han escrito sobre la India! Dicen que no hay ningún progreso y que hay hambre y contaminación por todas partes. Exageran los problemas.

Después de pasar tres días en un lugar viajábamos a la siguiente ciudad. Y en los periódicos de todos los aviones había informaciones negativas sobre la India, criticando el país. Nadie escribía nada positivo. Por fin, cuando llegamos a Europa, un periódico había escrito: "No puede decirse que no haya habido progreso en la India. Si se compara la situación actual con el día en el que lograron la independencia, se han hecho algunos progresos". Después de tantos días por fin podíamos leer al menos eso.

Entonces, ¿qué hay que hacer cuando celebramos el cincuenta aniversario de la independencia de la India? Los que fumáis debéis hacer el voto de dejarlo. Los que bebéis debéis tomar la decisión de dejar de beber. Si después reunís el dinero que antes gastabais en cosas innecesarias, podemos reemplazar las endebles cabañas de las aldeas por casas de verdad. Podemos dar estudios a los niños indigentes. Hay muchos niños que se han visto obligados a dejar la escuela porque no pueden permitírselo. Y los hijos adolescentes de Amma pueden, por ejemplo, limpiar las alcantarillas de las aldeas y ayudar a reducir la contaminación atmosférica de los pueblos y sus alrededores. Si cada uno de nosotros lo intenta de esta manera, nuestra *Bharat*[29] se convertirá en una tierra próspera. Podemos convertir esta tierra en un cielo. Si la gente rica de este país desea salvar a otros, puede hacerlo fácilmente; pero apenas vemos a nadie esforzándose en ello. Así que debéis asumir el liderazgo, hijos míos.

Como Amma ha dicho antes, estad dispuestos a actuar sin tener ninguna expectativa sobre el resultado. Eso no significa que tengamos que renunciar a todo. Comed, hablad y dormid según vuestras necesidades. Es egoísta hacer estas cosas en exceso. Se

---

[29] El nombre tradicional de la India

dice que la gente fuma y bebe para experimentar felicidad; pero la verdadera felicidad reside en el interior y no se encuentra en ningún objeto exterior. Cuando lo comprendamos, nuestra adicción a esas cosas desaparecerá. Entonces podremos utilizar ese dinero para ayudar a los pobres. Entonces tendremos derecho a recibir la gracia y la compasión de Dios[30]. Nuestras vidas beneficiarán a los demás. Hijos míos, al menos desde ahora, no les deis la ocasión a las personas de otros países de criticarnos en sus periódicos. Haced ese voto hoy.

Amma no tiene ningún interés en estas celebraciones de cumpleaños. Entended la finalidad de vuestro nacimiento, hijos míos. Eso es lo que hace falta. Si alguien desea sinceramente averiguarlo, le dará a Amma mucha más alegría que cualquier celebración de cumpleaños.

Muchos han acudido a Amma y han tomado la resolución de llevar una vida de renuncia. Muchos han dejado de beber o han abandonado su manera demasiado lujosa de vivir. El resultado es que hemos tenido la buena fortuna de poder servir mucho. Si todos vosotros, los hijos de Amma, pensarais de la misma manera, podríamos convertir esta misma tierra en el cielo. Que seáis bendecidos con la fuerza mental necesaria para hacerlo.

---

[30] Nota del editor: Amma dice que la gracia de Dios fluye constantemente hacia todos nosotros, pero que esa gracia solo puede recibirse si tenemos el corazón lo suficientemente abierto para recibirla. "Tener derecho" en este contexto equivale a tener un corazón abierto.

Ver a todos los seres como el propio Ser

Mensaje de cumpleaños de Amma, 1998

Saludos a todos vosotros, que verdaderamente sois la encarnación del amor y el Ser Supremo.

Hijos míos, comencemos recitando juntos el mantra *"Lokah samastah sukhino bhavantu"*.

Muchas personas están muriendo, no sólo en la India sino también en otras partes del mundo, a causa de las inundaciones, las tormentas, los deslizamientos de tierras, etc. Miles de personas experimentan un sufrimiento terrible por las guerras entre países y dentro de la sociedad. No hemos sido capaces de liberarnos de esas desgracias. Por esas circunstancias, a Amma no le gusta la idea de una celebración. Sin embargo, Amma ve que esta celebración es una oportunidad para que todos nosotros nos reunamos y recemos. La oración en grupo es muy valiosa. Con la oración en grupo podemos indudablemente provocar algunos cambios en la desdichada situación actual. Así que cerrad todos los ojos y, con la oración de que a todos los seres vivos de todas partes se les conceda la paz y la felicidad, repetid el mantra: *"Om lokah samastah sukhino bhavantu"*.

Compartir en la vida

Este mantra nos lo dieron los *Rishis*, nuestros antepasados. El mantra no solo se recita en nuestro beneficio o el de nuestras familias. El significado de la oración es: "Oh, Ser Supremo, que todos los seres de todos los mundos experimenten paz y felicidad". Pero, hijos míos, debemos preguntarnos si tenemos la suficiente amplitud mental como para poder decir esta oración.

Amma recuerda una historia. La esposa de un hombre murió. Este llamó al sacerdote para que dirigiese una oración por la paz del alma de su esposa. En la ceremonia el sacerdote recitó el mantra *"Om lokah samastah sukhino bhavantu"*. El marido no sabía lo que significaba el mantra, así que le preguntó al sacerdote:

—¿Qué significan las palabras que acaba de recitar?

El sacerdote dijo:

—Significa: "Oh, Ser Supremo, que todos los seres de todos los mundos experimenten paz y felicidad".

Al oírlo, el marido dijo:

—¿No le pedí que viniera a rezar por el alma de mi esposa? Y, sin embargo, en el mantra que acaba de recitar no hay ninguna alusión al nombre de mi esposa o a su alma.

El sacerdote respondió:

—Esta es la oración que me enseñó mi maestro espiritual. En realidad cuando rezas por el mundo entero es cuando el alma de tu esposa experimenta paz y se eleva. No sé rezar de ninguna otra manera.

El marido no podía discutirle eso, pero dijo:

—¿No puede al menos excluir de la oración a los vecinos que viven al norte de mi propiedad? Han sido muy hostiles con nosotros. Puede rezar por todo el mundo menos por ellos.

Hijos míos, esa es nuestra actitud en la actualidad; pero no es una actitud que debamos cultivar. No, esto tiene que cambiar. Tenemos que cambiar nuestra actitud entera. Estos mantras no hay que pronunciarlos solo con la lengua. Son principios que hay que practicar en nuestra vida. Solo entonces se hará realidad lo que nuestros antepasados imaginaron. Solo entonces nuestras oraciones darán fruto.

La meditación es buena para la prosperidad mundana y para la paz y la liberación. Tratad de olvidar todo lo demás cuando meditéis. Olvidad todo cuando os sentéis aquí y meditad un ratito.

<— Amma durante una celebración de su cumpleaños.

¿Qué ganáis si cuando estáis aquí sentados pensáis en asuntos familiares? Solo perderéis el tiempo. Si remáis en un bote que sigue atado a la orilla del río no llegareis al otro lado.

Olvidad el "yo" y lo "mío" y entregádselo todo a Dios. Dios es todo. "Las cosas no salen según mis planes. ¿No se hace todo por tu voluntad?" Comprended esto y dejádselo todo a Dios. Vivid en el momento presente. Cuando venimos a este mundo no traemos nada, ni nos llevamos nada cuando nos marchamos. Tenemos que ser conscientes de esto y practicar la meditación. En cuanto empecéis a repetir un mantra os beneficiareis de ello. Es como un depósito a plazo fijo en un banco. En cuanto se hace el depósito los intereses empiezan a acumularse. No penséis que la meditación solo significa sentarse con los ojos cerrados. Una cara sonriente, una palabra bondadosa, una mirada compasiva, todo esto forma parte de la meditación. Nuestro corazón debe volverse compasivo por la meditación. Solo en un corazón así puede brillar Dios. Debemos llegar a sentir el sufrimiento de los demás y compartir su sufrimiento. Esto le recuerda una historia a Amma:

Un niño vio un cartel delante de una tienda que decía: "Se venden perritos". Deseaba mucho comprar un perrito, así que entró en la tienda. Cuando preguntó cuánto costaba un cachorro le dijeron que entre cien y doscientos dólares.

—No tengo tanto dinero, pero, ¿puedo al menos ver los perritos? —preguntó.

El vendedor no pudo decirle que no. Sopló un silbato y una camada de perritos y su madre llegaron corriendo desde la parte trasera de la tienda. El niño los miró con interés. Cuando vio al último cachorro cojeando detrás de los demás, exclamó:

—¡Oh, mire! ¿Qué le ha pasado a ese?

El vendedor dijo:

—Ese perrito nació cojo. El veterinario dijo que no se curará.

El niño miró apenado cómo cojeaba el cachorrito y preguntó:

—¿Me dejará comprar ese? No podré pagarle todo el dinero ahora. Puedo pagarle una parte ahora y el resto lo pagaré en plazos mensuales.

El vendedor estaba sorprendido:

—¿Por qué quieres ese, hijo? No podrá corretear y jugar contigo. ¿No preferirías uno de los otros?

Pero el niño insistió en comprar el perrito lisiado.

—En ese caso no tienes que pagarme nada por él —dijo el vendedor—. Te lo puedes llevar gratis.

—No, quiero comprarlo por el mismo precio que pides por los demás perritos —dijo con firmeza el niño.

Cuando el vendedor le preguntó por qué armaba tanto lío por un cachorro cojo, el niño puso la pierna sobre la mesa. Se levantó el pantalón, le enseñó su pierna ortopédica y dijo:

—Mira. A mí también me falta una pierna, así que compartiré el corazón de ese perrito y él compartirá el mío. Entenderé su dolor y él entenderá el mío.

Aunque Amma lo presente así en la historia, para entender el sufrimiento de los demás no hace falta experimentar el mismo sufrimiento que ellos. Podemos sentir el dolor de los demás sin pasar por lo que ellos están experimentando. Así que intentad pensar en el sufrimiento de los demás como si fuera el vuestro y en la felicidad de los demás como si fuera la vuestra. Esa es la actitud que debemos tener y cultivar. Amma sabe que es difícil, pero intentadlo, hijos míos.

En la India hay mil millones de personas. Solo una cuarta parte de ellas dispone de medios económicos adecuados. La mitad de los demás son pequeños agricultores y el resto son realmente pobres. Lo cierto es que no hay razón para que en este país haya pobreza. Hijos míos, la situación actual podría cambiarse si personas como vosotros se esforzasen en ayudar. Sabéis que nosotros no le hemos pedido ayuda a nadie ni hemos recaudado fondos para el desarrollo del *ashram*. El crecimiento que se ha producido aquí se debe a vuestros esfuerzos, hijos míos. Vuestro duro trabajo es lo que ha allanado el camino a los proyectos de servicio que hacemos. Personas como vosotros y los residentes del *ashram* habéis trabajado hasta veintidós horas al día. Habéis trabajado sin salario y sin desear nada a cambio, reduciendo vuestras necesidades a tan solo dos mudas de ropa y comiendo solo dos veces al día en lugar de tres. Habéis dedicado todo el dinero que habéis ahorrado de esa forma a servir al mundo. Los hijos seglares están ofreciendo todos los servicios que pueden proporcionar. Muchas mujeres que compraban diez saris al año ahora solo compran ocho. Personas que bebían y fumaban han dejado esos vicios. Solo somos capaces de servir a los pobres y a los que sufren como lo hacemos gracias al desinterés de las personas. Si todos vosotros pusierais la mente en ello de esa manera, sin duda podríamos cambiar, si no completamente al menos parcialmente, la situación de este país. Podéis decir: "Pero si sacas una gota de agua del mar y la viertes en la tierra seguramente no habrá ninguna diferencia"; pero sí que la habrá, porque, después de todo, ahora hay una gota menos en el mar. Del mismo modo, si cada uno de nosotros trata de hacer algo bueno, seremos ciertamente capaces de ver la diferencia en la sociedad. Esa es la actitud que debéis cultivar, hijos míos.

Dejad el egoísmo

Somos capaces de hacer desinteresadamente tantas cosas que benefician a la sociedad porque todos los hijos de Amma están dispuestos a vivir según el significado del mantra que estamos recitando; pero actualmente el egoísmo gobierna el mundo. El egoísmo es lo que se esconde detrás del amor que vemos en el mundo. En una determinada familia los dos hijos se reunieron y le dijeron a su padre:

—Papá: nosotros, tus hijos, cuidaremos de ti. ¿Por qué no nos transfieres la titularidad de tu casa y de todas tus propiedades?

Confiando en las cariñosas palabras de sus hijos, el anciano formalizó las escrituras traspasándoles todo. Pensaba que estaría con sus hijos por turnos, viviendo dos meses cada vez con cada uno. Cuando su propiedad hubo sido dividida entre sus hijos, fue a quedarse con uno de ellos. Apenas dos semanas después, la actitud hacia él de se hijo y su nuera empezó a cambiar, así que se marchó a vivir con el otro hijo. Solo cinco días después tampoco podía seguir viviendo allí, porque no podía soportar los comentarios mordaces que recibía de su nuera. Lloraba todo el rato. Por fin, se refugió en un *ashram*. Cuando oyó la historia del hombre, el maestro espiritual del *ashram* lo aconsejó. Un mes después el padre regresó con sus hijos llevando una caja. Los hijos estaban impacientes por saber lo que contenía la caja. Cuando presionaron al anciano, este dijo:

—He convertido una parte de mi riqueza en oro y la guardo en esta caja; pero no se la daré a nadie hasta que muera. Cuando esté muerto puede ser para cualquiera de vosotros.

La actitud de sus hijos hacia él cambió en cuanto oyeron esto. No tenían palabras para expresar el amor que de repente sentían por su padre. Ellos y sus esposas le suplicaron:

—¡Ven a quedarte con nosotros, papá! ¡Por favor, ven a nuestra casa!

Le ofrecieron cada vez más hospitalidad. Finalmente llegó el día en el que el anciano murió. Después del funeral los hijos se apresuraron a abrir la caja que habían estado mirando todo este tiempo. Muy emocionados, la destaparon. La caja estaba llena de piedras corrientes.

Hijos míos, esa es la clase de amor que obtenemos del mundo. Si esperamos algo del mundo, lo único que conseguiremos son lágrimas.

Hijos míos, el esfuerzo que hacéis todos vosotros es la causa de todo el éxito que hemos obtenido aquí. Vosotros sois mis hijos. Sois la única riqueza de Amma. Amma no posee nada. Todo lo que vemos hoy procede de vuestro desinterés. Por eso, recordad una cosa en particular, mis queridos hijos: aunque solo una pizca de egoísmo consiga entrar en vuestra mente, debéis libraros de ella de alguna manera. Una sola chispa basta para iniciar un fuego arrasador que reduce a cenizas todo un bosque; y así es el egoísmo. Solo un poco es suficiente para privarnos completamente de nuestra paz.

De vez en cuando vienen aquí mujeres llorando con dos o tres niños en las caderas. Cuando Amma les pregunta qué problema tienen, le dicen:

—Amma, estaba decidida a suicidarme con mis hijos. Entonces oí hablar de Amma, y por eso vine.

Cuando Amma quiere saber más, la mujer dice:

—Mi marido bebe. Es adicto a las drogas. Como bebe, nunca llegaba a tiempo al trabajo, así que perdió su empleo. Sin embargo, no dejó de beber. Al final vendió la casa, nuestra propiedad, mis joyas, todo. No podíamos permitirnos ni siquiera una comida. No veía nunca una cara sonriente en ningún lugar. Todo el mundo nos odiaba. Por todas partes sólo veía miradas de desprecio. Al final lo único que podía ver claramente delante de mí era el camino hacia la muerte. Por eso me dispuse a tomar ese camino con mis bebés; pero en cambio he terminado aquí contigo, Amma.

Amma os dirá algo: esos hombres están consumiendo las lágrimas y la sangre de sus seres queridos, no alcohol o drogas.

El pescador lanza el sedal al agua y espera. El pez muerde el anzuelo y piensa: "¡Estupendo! He encontrado suficiente comida para hoy". No se da cuenta de que está en las fauces de la muerte.

El perro se mete un hueso en la boca, lo mastica con entusiasmo y saborea la sangre que sale. Solo más tarde se da cuenta de que la sangre que saboreaba procedía de sus propias encías laceradas. La felicidad no se encuentra en los objetos. La felicidad existe en nuestro interior. Hijos míos, tenéis que entenderlo. Aquellos de vosotros que solo os esforzáis por vuestra propia felicidad debéis pensar en vuestras familias, al menos un momento. Aquellos de vosotros que fumáis cinco cigarrillos al día, tratad de reducirlos y fumad dos menos. Reduciéndolo poco a poco, podéis eliminar completamente el vicio. Del mismo modo, los que beben deben tratar de permanecer alejados de ese ambiente. Recuperad vuestra fuerza con el conocimiento de que la felicidad no se halla realmente en la bebida. Una persona valiente es la que busca la felicidad en el interior. Hijos míos, no seáis esclavos de los cigarrillos o el alcohol. Los que se convierten en esclavos de esas cosas no tienen valor. Son unos cobardes. Las personas realmente valientes son las que han logrado controlar la mente. No necesitamos apoyarnos en nada. Debemos poder ser autosuficientes. Debemos hacer que cada una de nuestras respiraciones beneficie a los demás. Debéis tomar esa resolución interior. Eso es todo lo que Amma desea.

La forma de afrontar las experiencias

Afrontamos las experiencias de la vida de tres maneras diferentes:

1. Tratamos de huir de las situaciones.

2. Tratamos de cambiar las circunstancias, creyendo que ese cambio resolverá todos nuestros problemas.

3. Maldecimos nuestras circunstancias y seguimos adelante de alguna manera.

No podemos evitar los problemas huyendo de ellos. De hecho, así los problemas se pueden duplicar. Una historia viene a la mente. Había un hombre que oyó que su tío estaba a punto de hacerle una visita. Decidió irse de casa porque su tío, que era soldado, tenía la costumbre de contar historias de la guerra sin parar durante horas. Como no quería perder todo ese tiempo, el sobrino huyó por un sendero que había detrás de la casa; pero, mientras caminaba por el sendero, de repente vio que su tío venía por el mismo camino en dirección contraria. En cuanto vio a su sobrino el tío se detuvo y se puso a hablar. La conversación seguía y seguía, justo allí, en el camino. Al cabo de un rato el sobrino tenía mucho calor y mucha sed, y le dolían los pies; pero no había agua disponible, ni ningún árbol con sombra a la vista, ni ningún banco en el que sentarse. Pensó que, si se hubiera quedado en casa, ahora estaría sentado cómodamente en una sombra fresca con su tío, y podría disponer de mucha agua. Con esta historia podemos ver que, si tratamos de huir de las situaciones, podemos acabar teniendo el doble de problemas.

El segundo enfoque es cambiar el entorno. En un determinado hogar no hay nada de paz. Los miembros de la familia piensan que algo va mal en la casa.

—Quizás debamos tirar la casa y reconstruirla. ¿O debemos comprar otra casa? O quizás necesitemos una televisión nueva y unas cuantas cosas más para decorar la casa. Podríamos poner aire acondicionado.

Pero nada de eso resolverá los problemas. Hay personas que no pueden dormir ni en el lujo de una habitación con aire acondicionado. Tienen que tomar pastillas para dormir. La razón es que tienen problemas en la mente. La espiritualidad es el arte de "poner aire acondicionado" en la mente. Los problemas de la vida no desaparecen solo porque cambiemos algunas cosas a nuestro alrededor. No es que no debamos cambiar el entorno exterior. Amma está diciendo que también tenemos que cambiar nuestra estructura mental. Eso es lo que nos enseña la espiritualidad.

Cambiar el entorno no acaba con los problemas. Una pareja se peleaba constantemente. Por fin, ya no podían vivir más juntos y se divorciaron. Al cabo de un tiempo se volvieron a casar con otras personas; pero pronto cada uno de ellos descubrió que simplemente se había casado con su anterior cónyuge bajo una forma diferente. Los individuos eran nuevos, pero su propia mente no había cambiado en absoluto. Mientras nuestra mente no cambie, no nos liberaremos de nuestros problemas cambiando la situación exterior.

La tercera forma de lidiar con las situaciones difíciles de nuestra vida es quejarse de las situaciones y seguir igual. Alguien a quien le duele el estómago no deja de quejarse a todos los de la casa:

—¡Mamá! ¡Papá! ¡Me duele el estómago! ¡Hermano, hermana, no puedo soportar este dolor!

Al final también le duele el estómago a cualquiera que se acerca a esa persona. Al quejarnos continuamente de nuestros problemas acabamos destruyendo también la paz de los demás.

Pero hay una cuarta manera. Hay una forma de superar las situaciones difíciles, y consiste en cambiar nuestro estado mental. Esa es la única forma de encontrar realmente la dicha. Es imposible cambiar totalmente el medio exterior para que se ajuste a nuestras necesidades. Así que debemos cambiar nuestro estado mental para ajustarnos al entorno. Eso solo es posible mediante la espiritualidad.

Aquí es cuando vienen al caso los textos espirituales. ¿Qué le mostró el Señor *Krishna* a *Arjuna*?[31] *Krishna* no cambió el estado del mundo exterior. Transformó el estado mental de *Arjuna*. Si hubiese querido, podría haber creado un tornado o un diluvio para destruir al malvado *Duryodhana* y sus seguidores. Podría haber utilizado cualquier método para destruirlos. Podría haberlo conseguido todo para los *Pandavas*. *Krishna* tenía el poder de hacerlo; pero no alteró en absoluto las circunstancias exteriores,

---

[31] *Arjuna* era uno de los cinco hermanos *Pandavas*. Los consejos que el Señor *Krishna* le dio a *Arjuna* al comienzo de la guerra del *Mahabharata* se conocen como la *Bhagavad Gita*, y contienen la esencia de la sabiduría espiritual para nuestra vida diaria.

sino que cambió la actitud de *Arjuna* ante el mundo. Le enseñó a comprender la naturaleza de la vida y el modo de afrontarlo todo en la vida. Tenemos que desarrollar la mente de tal manera que podamos rezar por la paz y la armonía del mundo entero.

Recordad la escena del *Ramayana*: El Señor *Rama* entró en la sala donde Sita estaba a punto de elegir a un marido[32]. En cuanto el pueblo de *Mithila* vio a *Rama* todos empezaron a rezar: "¡Qué apuesto y fuerte es, y ha sido bendecido con todas las buenas cualidades! Dios, por favor, dale la fuerza necesaria para tensar ese arco". Cuando *Rama* entró en la sala, todos los reyes que se habían reunido allí esperando ganar la mano de Sita empezaron a maldecir mentalmente a *Rama*: "¿Por qué ha tenido que venir aquí ahora? ¿Perderé mi oportunidad por su culpa? Dudo que consiga casarme con Sita. ¡Ojalá se marchara!" Y cuando Sita vio a *Rama*, se puso a rezar: "Oh, Dios, ¿por qué has hecho ese arco tan pesado? ¿No puedes hacer que pese un poco menos?" La suya era una oración para cambiar las circunstancias.

Pero la oración del pueblo de *Mithila* era la adecuada. Tenían la actitud correcta. No rezaban para que las circunstancias cambiasen. Pidieron: "Dale a *Rama* la fuerza necesaria para tensar ese arco". Del mismo modo, en cualquier situación solo debemos pedir valentía para afrontarla; pero nuestra oración no debe ser infantil.

Un niño fue a un templo y rezó:

—Dios, por favor, haz que China sea la capital de Estados Unidos.

Una persona que se encontraba cerca lo oyó y le preguntó:

—¿Por qué rezas así, hijo?

---

[32] El padre de *Sita*, el rey *Janaka* de *Mithila*, dijo que sólo daría a su hija en matrimonio al rey o al príncipe que fuera capaz de tensar el gran arco que originalmente había pertenecido al Señor *Shiva*. Muchos pretendientes reales se habían reunido con la esperanza de realizar la hazaña y ganar la mano de *Sita*.

El niño dijo:

—En el examen he puesto que la capital de Estados Unidos es China, pero no estaba bien, así que le estoy pidiendo a Dios que haga que mi respuesta esté bien.

Eso es infantil. No debemos cultivar ese infantilismo; pero debemos adquirir un corazón infantil, una inocencia infantil. El infantilismo es falta de discernimiento; nos vuelve inmaduros. Imaginad que recibís clases de natación. Si vuestro profesor de natación se queda siempre a vuestro lado, no aprenderéis a nadar solos. Tenemos que encontrar nosotros mismos la fuerza necesaria para sobrevivir en cualquier circunstancia en la que nos encontremos en la vida, y la única forma de hacerlo es cambiando nuestro estado mental. No malgastéis vuestra vida echando la culpa a las circunstancias externas y sintiéndoos abatidos por vuestra incapacidad de cambiarlas. Algunos viajan en coches lujosos; pero, si no tienen paz mental, ¿para qué les sirve tener un coche lujoso?

Cambiar las circunstancias externas no basta. Hay personas que se suicidan en sus habitaciones con aire acondicionado. Por el contrario, si transformamos nuestra mente podemos hacer frente a cualquier situación con una sonrisa. En lugar de apoyarnos en otros para recibir consuelo, debemos adquirir fe en nosotros mismos. Solo entonces hallaremos consuelo y satisfacción. Por eso, cambiar nuestra actitud mental actual es el primer paso. Por eso es por lo que debemos rezar.

Compartid la bondad

Hijos míos, no somos islas solitarias. Cada uno de nosotros es un eslabón de la cadena de la vida. Todas nuestras acciones influyen en los demás, seamos o no conscientes de ello. Y a nosotros también nos influyen los demás. Por eso se dice que tenemos que practicar la conciencia atenta en cada palabra y cada acción.

Un hombre se subió a un autobús y se sorprendió al ver lo tranquilo y alegre que estaba el cobrador. El cobrador les sonreía a todos, se aseguraba de que el autobús se detuviera en cada parada, esperaba a que todos se hubieran subido correctamente antes de tocar el timbre que indicaba que el autobús podía ponerse en marcha y vendía los billetes muy eficientemente. El atestado autobús y el comportamiento de los pasajeros no afectaban en absoluto su estado de ánimo. El pasajero se dio cuenta de eso y le preguntó al cobrador:

—¿Cómo puedes actuar con tanta tranquilidad y sonreír de la forma que lo haces en un autobús tan abarrotado? No he visto nada parecido en ningún otro autobús. ¿Cuál es tu secreto?

El cobrador sonrió y le dijo:

—No hay ningún gran secreto. Solo es la lección que la vida me ha enseñado. Antes trabajaba en una oficina y tenía que ir a trabajar en autobús. A menudo el autobús se paraba a cierta distancia de la verdadera parada del autobús. Corría, y cuando llegaba al autobús ya se había vuelto a poner en marcha y lo perdía; o el cobrador tocaba el timbre para que el autobús arrancara justo cuando yo llegaba al autobús y me resultaba difícil subir sin caerme. El cobrador no solía molestarse en devolverme el cambio y, si le pedía que lo hiciera, me lo daba ofendido. O si yo no tenía el cambio exacto se enfadaba. Cuando esas cosas pasaban yo estaba a punto de perder el control mental; pero me recordaba a mi mismo que tendría que tomar el mismo autobús al día siguiente, y de algún modo conseguía controlarme. Así que llegaba a la oficina reprimiendo toda esa ira. No era en absoluto amigable ni sonreía a nadie, de modo que todos empezaron a ser antipáticos conmigo. Por eso, no podía prestar la atención adecuada a mi trabajo. Me sentía tan tenso que cometía muchos errores y el director me reprendía. Todo eso seguía conmigo por la tarde cuando llegaba a casa, y lo pagaba con mi familia. Me enfadaba con los niños y me peleaba con mi esposa. No había paz en el ambiente. Ya no mostraba ningún cariño a mis hijos ni le abría el corazón a mi esposa. Me convertí en un ser solitario, tanto en el hogar como en la sociedad.

"Entonces un día, cuando llegué a la parada del autobús, el autobús arrancó y estaba marchándose. Cuando el cobrador me vio, tocó el timbre y detuvo el autobús. Esperó hasta que hube subido completamente, antes de dar la señal para que el autobús se pusiera en marcha de nuevo. En el autobús no había asientos libres, pero ese cobrador me cedió el suyo. Sentí una alegría indescriptible. Estaba muy cansado y me quedé dormido en marcha. Justo antes de llegar a mi parada, el cobrador me despertó para que pudiera bajarme. No había visto nunca antes a ese cobrador. No puedo describir el consuelo que me proporcionó esa bondad. Imagina el alivio que sientes cuando la sed te atormenta y alguien te ofrece un vaso de agua fresca. El alivio que sentí fue aún mayor. Bajé del autobús con una dicha desconocida y caminé hacia la oficina. Y allí todos me sonrieron, lo que era infrecuente. Fui capaz de hacer mi trabajo poniendo mucha atención y el director me elogió. Ese día fui muy cordial con los que trabajaban a mis órdenes. Eso les hizo sentirse felices y se me abrieron. Y ellos fueron muy amables con los que visitaron la oficina ese día. En casa pude ser cariñoso y abierto con mi esposa y mis hijos. En casa había un aire festivo. Lo disfruté tanto que olvidé todo lo demás. Me di cuenta de los cambios que se habían producido en todos los que me rodeaban a causa de la transformación que se había producido en mí; la transformación de una persona.

"A partir de entonces empecé a prestar especial atención a mi propio comportamiento. Me convencí de que se nos devuelve exactamente lo que damos. No puedo insistir en que otros sean buenos antes de serlo yo mismo. Aprendí que podía mejorarme aunque los demás no lo hicieran; que, si yo me volvía bueno, los demás también empezarían a cambiar. Más tarde, cuando acepté este trabajo en el autobús, recordé al cobrador que me había enseñado esa gran lección. Hice el voto de mostrar respeto a las personas cuando interactuase con ellas. Tomé la firme resolución de cumplir mi papel de cultivar amor y un sentido de cercanía en el mundo. La experiencia que tuve ese día en que todo cambió sigue siendo una gran lección para mí".

Y esa es la historia que contó el cobrador.

Hijos míos, la sociedad está hecha de individuos. Los pensamientos y las acciones de cada individuo dan forma a la cultura de la gente. En lugar de pensar "seré bueno cuando los demás cambien", debemos primero intentar transformarnos nosotros. Si nuestra perspectiva mental cambia verdaderamente, seremos capaces de ver bondad por todas partes. Cuando se produce un cambio en nosotros, también se refleja en los demás. Hijos míos, recordad siempre que solo recibimos lo que damos.

El corazón bombea sangre a todas las células del cuerpo. Las células se nutren así. Después la sangre regresa al corazón. Si esto encuentra cualquier obstáculo, la propia vida se ve amenazada. Como el corazón, tenemos que aprender no solo a recibir, sino también a devolver. Solo cuando damos recibimos a cambio. En la cadena de la vida, una deficiencia en un eslabón afecta a los demás. Tenemos que entender que todas nuestras sonrisas, palabras y acciones tienen el poder de hacer llegar la luz del sol a la vida de muchos otros. Así que tenemos que asegurarnos de que nuestras acciones creen alegría y satisfacción, no sólo en nosotros sino también en los demás. No debemos retirarnos desengañados cuando veamos maldad en el mundo, ni las malas acciones de los demás deben influirnos para que nosotros hagamos el mal.

Hijos míos, en lugar de echar la culpa a la oscuridad, esforzaos por encender al menos una pequeña luz. Si eso no es posible, tratad de no provocar ningún sufrimiento o dificultades a los demás. Quizás os preguntéis cómo puede hacerse eso. La forma más sencilla es haciendo que todas las acciones sean una ofrenda al Ser Supremo. Pensad que todas las acciones son una forma de adoración. Entonces nuestras acciones nos harán felices tanto a nosotros como a los demás, y también nos beneficiarán a nosotros y a los demás.

Amma recuerda lo que un hijo le contó hace varios años. Quería estudiar medicina, pero no fue admitido en la facultad de medicina porque sus notas eran más bajas de lo exigido, tan solo por un punto. Después de eso no hizo nada durante un tiempo. Después, por la insistencia de su familia, solicitó un trabajo en un banco y fue contratado. Se convirtió en empleado de banco. Después de aquello vino a Amma y le dijo:

—Amma, siempre estoy muy enfadado. No puedo sonreír ni demostrar ningún amor a los clientes, sean quienes sean. Así que no creo que pueda seguir en este trabajo.

Lo dijo con mucha angustia.

Amma le preguntó:

—Hijo, si tu amigo más querido te enviase a alguien, ¿cómo te comportarías con esa persona?

—La sonreiría y sería cariñoso.

—Así que entonces serías agradable. ¿Y qué pasaría si la propia Amma enviase a alguien a verte al banco? ¿Cómo actuarías?

—Como Amma habría enviado a esa persona, sería muy afectuoso.

Entonces Amma le dijo:

—De ahora en adelante trata de imaginar que Dios ha enviado a todos los que llegan a ti. Si puedes hacerlo, indudablemente cambiarás.

Después de eso, en aquel hijo se produjo un verdadero cambio. Empezó a ver su trabajo como una forma de servir a Dios. Estaba contento y compartía su satisfacción con los que le llegaban. Al realizar nuestras acciones como una adoración a Dios, nos beneficiamos no sólo nosotros, sino la sociedad entera. Esa es la actitud que debemos cultivar.

El esfuerzo combinado con la gracia

Hijos míos, en la vida suceden dos cosas: realizamos acciones y experimentamos sus frutos. Nuestra vida se volverá relativamente tranquila y armoniosa si sabemos cuál debe ser nuestra actitud al realizar acciones y experimentar sus frutos.

A menudo vemos que lo que realmente esperamos no sucede y lo que no esperamos se hace realidad. El fruto de una acción no solo depende de la propia acción, sino también de muchos otros factores. Solo si se reúnen todos esos factores conseguimos el resultado que esperamos. Lo único que está bajo nuestro control es la ejecución de la acción. Debemos realizar la acción lo mejor que podamos sin preocuparnos por el resultado. Eso es lo que el Señor *Krishna* aconseja en la *Bhagavad Gita*. Eso no significa que debamos trabajar sin cobrar. Significa que, si actuamos sin esperar un resultado, podremos realizar bien la acción. Entonces los frutos de nuestras acciones vendrán a nosotros de manera natural.

Aunque hagamos muy bien un examen, podemos no obtener el resultado esperado si el profesor que corrige el examen o el empleado que copia las notas no hacen su trabajo con suficiente atención. Un chico estudió mucho e hizo bien el examen. Esperaba conseguir una buena nota, pero cuando se anunciaron los resultados tenía un aprobado raspado. Sin embargo, no se desalentó por ello. Consiguió que sus respuestas fuesen corregidas de nuevo. Cuando se corrigió el examen por segunda vez, obtuvo una nota mucho más alta. Cuando se investigó lo que había pasado, se supo que el profesor que había corregido el examen la primera vez estaba muy alterado en ese momento. Su esposa se había ido con otro hombre y aquello le había trastornado tanto que no fue capaz de corregir bien los exámenes. Por eso Amma dice que el éxito en los exámenes no depende solo de nuestros esfuerzos, por mucho que estudiemos y por muy bien que respondamos las preguntas.

Por muy cuidadosos que seamos al cruzar una carretera, podemos resultar heridos si un conductor no presta atención. Por eso se dice que, para que todos los factores que controlan el resultado de una acción estén a nuestro favor, necesitamos la gracia de Dios. La forma más sencilla de lograrlo es realizar todas las acciones como una adoración a Dios.

Cuando hacemos una *puja*, naturalmente tratamos de asegurarnos de que todos los objetos que utilizamos para la *puja* sean de la mayor calidad. Nunca empleamos fruta podrida, flores marchitas o utensilios sucios. Cuando hacemos todo con esa actitud, con el paso del tiempo solo seremos capaces de realizar acciones positivas. Las acciones negativas cesarán, porque, ¿cómo se puede realizar una acción negativa si se la estás dedicando a Dios?

La actitud más importante de una persona que realiza una *puja* es la humildad. Por eso, cuando realizamos todas las acciones como una *puja*, con la actitud adecuada, no podemos mostrar ninguna arrogancia u orgullo. Si tenemos éxito en determinada acción, lo veremos como la gracia de Dios; no presumiremos de que el éxito se debe a nuestra propia capacidad.

Al final de la *puja* recibimos *prasad*[33]. Así, con la actitud de que nuestras acciones son una forma de culto, aceptamos los frutos de nuestras acciones como *prasad*. La humildad que tenemos mientras realizamos la acción también debe permanecer con nosotros mientras experimentamos el fruto de la acción. En el *prasad* no buscamos defectos o deficiencias.

Eso no significa que si fracasamos debamos simplemente quedarnos sentados perezosamente aceptando nuestro fracaso como el *prasad* de Dios. Si hay alguna posibilidad de éxito, debemos volver a intentarlo; y, si fracasamos otra vez, podemos aceptarlo

---

[33] Cualquier objeto bendecido, como comida o flores.

como la Voluntad Divina. Si pensamos que nuestro éxito se debe a la gracia divina, no seremos vanidosos; no nos deleitaremos con nuestro éxito ni nos entusiasmaremos demasiado excluyendo todo lo demás. Y si resulta que fracasamos no nos quedaremos destrozados ni nos hundiremos hasta el fondo. Quienes perciben sus fallos como la voluntad de Dios no piensan que no sirven para nada. Cuando fracasamos debemos pensar que solo es lo que nos merecemos en ese momento concreto. Debemos pensar que de ese modo se ha evitado otro *prarabdha* (el fruto de alguna acción pasada). Tenemos que tratar la experiencia como una lección para la vida y aceptar que hay algo que aprender de ella.

Utilizando nuestra capacidad de discernimiento podemos volver cualquier acción a nuestro favor. Y cuando abordamos nuestras acciones con la actitud adecuada también podemos evitar el aburrimiento. Cuando nuestro esfuerzo entusiasta se combine con la gracia divina, la victoria estará ciertamente de nuestro lado. Suceda lo que suceda, nunca debemos perder la esperanza. Dios siempre está con los que se esfuerzan. Y la victoria también está con ellos.

La espiritualidad en la vida práctica

Mensaje de cumpleaños de Amma, 1999

Saludos a todos los hijos de Amma, que verdaderamente son la encarnación del amor y del Ser Supremo.

En esta era se dan discursos por todo el país. Discursos espirituales, discursos culturales, discursos políticos, charlas religiosas, charlas contra la religión... Todos tienen un tema u otro del que hablar. Todos tienen autoridad para dar discursos sobre todos los temas habidos y por haber. Esa parece ser la actitud general.

A Amma le viene a la cabeza la historia del estudiante que les dice a sus amigos:

—Tenemos un profesor fantástico. Le das cualquier tema y habla sobre él durante horas. Aunque le des un tema sobre algo insignificante, habla más de cinco horas.

Al oírle, uno de sus amigos responde:

—Estás diciendo que tu profesor habla más de cinco horas si se le da un tema del que hablar; pero a nuestro vecino no hay que darle ningún tema, y aun así sigue hablando días enteros.

Así es como son muchos discursos en la actualidad. No hacen falta discursos. Lo que hace falta son acciones. Tenemos que mostrar lo que queremos decir con nuestra propia vida. Las buenas palabras y acciones son ciertamente beneficiosas; nunca pueden ser insignificantes. A Amma le viene a la cabeza un episodio del *Mahabharata*:

Era la época en la que los *Pandavas* y los *Kauravas* eran jóvenes y su gran maestro *Dronacharya* les estaba instruyendo. La primera lección era sobre la paciencia. Un día el maestro llamó a todos los discípulos y les pidió que le dijeran lo que habían aprendido hasta ese momento. Todos ellos repitieron las lecciones de memoria. Finalmente le llegó el turno a *Yudhisthira*. Solo repitió una línea. El profesor le preguntó:

—¿Eso es todo lo que has aprendido?

Yudhisthira respondió a regañadientes:

—Perdóname, señor. Me sé más o menos la primera lección, pero de la segunda no me sé nada.

Al oír esto, *Drona* no pudo controlar su ira. Esperaba que *Yudhisthira* lo hiciera mejor que los demás y, sin embargo, mientras los demás recitaban lecciones enteras, *Yudhisthira* decía que apenas podía recordar dos líneas. En su enfado, *Drona* agarró un palo y le pegó con él a *Yudhisthira* hasta que el palo quedó hecho añicos; pero, incluso después de recibir esos golpes, *Yudhisthira* siguió alegre y no perdió la sonrisa. La ira de *Drona* se calmó cuando vio eso y lamentó lo que había hecho. Le dijo con cariño:

—Hijo mío, eres un príncipe. Si hubieses querido, podrías haberme castigado enviándome a la cárcel; pero no lo has hecho. No te has enfadado en absoluto. ¿Hay alguien en este mundo que tenga tu paciencia? En ti hay tanta grandeza...

Cuando se volvió, *Drona* vio la hoja en la que estaban escritas las lecciones de *Yudhisthira*. La primera línea decía: "Nunca pierdas la paciencia". La segunda línea decía: "Di siempre solo la verdad".

Cuando *Drona* miró de nuevo la cara de *Yudhisthira*, pensó que esas líneas de la hoja de palma brillaban a través de los ojos del joven príncipe. Agarró las manos de *Yudhisthira* y, con los ojos llenos de lágrimas, le dijo:

—*Yudhisthira*: cuando te estaba enseñando, solo dije unas cuantas palabras, y los demás chicos las repitieron como loros. Tú has sido el único que realmente ha aprendido las lecciones. ¡Qué grande eres, hijo mío! A pesar de haber estado enseñando esto tanto tiempo, no he sido capaz de aprenderme ni una línea. No he podido controlar mi ira ni he sido paciente.

Yudhisthira le respondió:

—Perdóname, Maestro, pero sí que me he enfadado un poco contigo.

Drona se dio cuenta entonces de que su discípulo también había aprendido la segunda lección.

Es muy infrecuente encontrar personas que no sucumban al oír unos pocos elogios. Aunque sientan un poco de ira, no querrán mostrarla. Pero mirad a *Yudhisthira*. No le costó nada admitir que se había enfadado un poco. Eso significa que también había aprendido la segunda lección. Una lección solo se completa cuando se la practica en la vida. El verdadero discípulo es el que realmente lo intenta.

También necesitamos paciencia en la vida, porque la paciencia es la misma base de la vida. Si abrimos un capullo a la fuerza, nunca conoceremos la belleza o el aroma de la flor. Solo los experimentaremos si se abre de forma natural. Del mismo modo, si deseamos disfrutar de la belleza de la vida, no podemos hacerlo sin paciencia. Para los que quieran que sus vidas estén llenas de felicidad, la paciencia es la cualidad más importante que necesitan.

A veces se dice que el fuego es la deidad del habla. La naturaleza del fuego es el calor, la luz y el humo. Igual que el fuego da calor y luz, todas nuestras palabras deben dar a los demás energía y conocimiento; pero no debe mancharles la mente igual que el humo oscurece una habitación. Si escuchamos nuestras palabras en la actualidad, podemos adivinar que realmente el fuego es la deidad del habla, porque lo que nuestras palabras emiten es calor y humo. La sabiduría y la luz están totalmente ausentes. Todas nuestras palabras deben provocar una transformación en quienes nos escuchan. Deben llevar la dicha a los demás. Debemos ser modelos a imitar para los demás. Todas las palabras que pronunciamos deben tener ese poder. La simplicidad y la humildad deben brillar en nuestras palabras. Sin embargo, actualmente, si escudriñamos nuestras palabras no encontramos ni rastro de humildad. Nuestras palabras están llenas de la actitud de querer ser mejores que los demás. Hasta la persona más modesta trata de aparentar ante los demás que es importante. No nos fijamos en el hecho de que la grandeza de una persona reside en realidad en su humildad. No nos damos cuenta de que, si actuamos así, los demás nos acaban considerando unos idiotas.

Un comandante del ejército fue ascendido a coronel. El día que asumió el nuevo cargo un hombre fue a visitarle. En cuanto el hombre entró en la oficina, el coronel descolgó el teléfono con aire de importancia y se puso a hablar.

—Hola, ¿eres el presidente Clinton? ¿Cómo estás? He entrado en funciones hoy. ¡Hay que revisar muchísimos archivos! De acuerdo, te llamo más tarde. Por favor, dale recuerdos a Hillary.

Después de hablar así un rato, colgó el teléfono. El visitante se quedó allí de pie y esperó muy cortésmente. Con aire de arrogancia el coronel le dijo:

—Sí, ¿qué quiere?

El hombre le dijo educadamente:

—Perdóneme, señor. He venido a conectarle el teléfono. Es un teléfono nuevo que pusieron ayer y la línea no está conectada.

¿Quién era el necio aquí? No vemos que nos volvemos así de tontos varias veces al día. Eso es lo que pasa. Los que tratan de exhibir su propia importancia en realidad se convierten en idiotas para los demás.

Controlar la ira

Otra cosa a la que debemos prestar especial atención en la vida es el control de la ira. La ira es como un cuchillo que está afilado por ambos extremos. Corta a quien es atacado y también al que lo sujeta. ¡Qué turbulenta se vuelve la mente cuando nos enfadamos con alguien! La mente se trastorna tanto que no podemos sentarnos, estar de pie o tumbarnos en paz. La sangre se nos calienta. Eso allana el camino a todas las enfermedades que no hemos tenido hasta entonces. En el calor de nuestra ira no nos damos cuenta de los cambios que se producen en nuestro interior.

Muchas personas sonríen a alguien solo después de haber calculado: "Si sonrío, ¿se convertirá esa persona en un conocido? ¿Me pedirá dinero? ¿Necesita esa persona dinero justo ahora?" Solo sonreirán después de haber reflexionado cuidadosamente sobre esas cosas; pero con la ira no es igual. En un instante la ira nos lleva por completo. Sin embargo, en determinadas ocasiones tratamos de controlarnos. Normalmente la gente no estalla ante un superior porque sabe que terminará pagándolo. Nuestro superior puede estar hablando de trasladarnos a otro destino, o no concediéndonos el ascenso que deberíamos obtener, o incluso despidiéndonos de nuestro trabajo. En esas circunstancias la mayoría de las personas ejercen el máximo autocontrol. Los que no pueden hacerlo acaban metiéndose en problemas, y los demás ven eso como una lección para sí mismos. Pero pocas personas ejercen control alguno cuando se enfadan con sus subordinados. Aquí es cuando realmente hace falta el autocontrol, porque nuestros subordinados no pueden respondernos. Dependen de nosotros. Quizás no muestren ninguna reacción exteriormente, pero se sentirán heridos y pensarán: "¡Oh, Dios, me veo forzado a escuchar todos estos insultos por errores que no he cometido! ¿No ves Tú la verdad, oh, Dios?" Esas ondas de dolor que emanan de su corazón se convertirán en una maldición para nosotros y no podremos escapar de ello fácilmente.

Algunas personas no aprueban sus exámenes aunque hayan estudiado mucho, y otros van a varias entrevistas de trabajo, pero no consiguen empleo. La razón podría ser que hubieran herido mucho los sentimientos de alguien. La oración sincera de ese individuo se ha convertido en un obstáculo, como una maldición, y eso bloquea la gracia divina que debería estar fluyendo hacia esa persona.

Eso no significa que no debamos reprender a alguien cuando sea necesario. Es importante corregir los errores cuando los vemos. El ser cariñoso y amable exteriormente puede no funcionar con todos, en cuyo caso tenemos que actuar con seriedad. Sin embargo, no hay que la enfocar reprimenda al individuo como tal, sino solo a la mala acción. No debemos ser severos con nadie innecesariamente. Debemos tener cuidado de que nuestras palabras y acciones no hieran a nadie.

Vemos que en algunas familias se producen muertes en años sucesivos. En otras familias ocurren una serie de accidentes. Para algunas mujeres jóvenes, por muchas propuestas de matrimonio que reciban, ninguna de ellas es adecuada. En algunas familias no nacen niños, mientras que en otras sus miembros mueren jóvenes. Hay familias en las que todas las mujeres se quedan viudas a los treinta o cuarenta años. La única razón que puede darse para esto es que esas circunstancias son el fruto del *karma* anterior.

Por eso Amma repite una y otra vez que tenemos que ser muy cuidadosos con todas nuestras acciones, palabras y miradas, e incluso con todos nuestros pensamientos. Todos nuestros pensamientos, palabras y acciones tienen sus propias consecuencias. Cada acción buena o mal que realizamos afecta a muchos seres. Amma recuerda una historia relacionada con esto:

El bufón de la corte le estaba contando una historia al rey y, mientras avanzaba en el relato, contó varios chistes; pero el rey no entendió los chistes. Pensó que probablemente el bufón se estuviera burlando de él. El rey se enfadó y golpeó con fuerza al bufón. El pobre bufón sentía un terrible dolor. Sus dientes rechinaron por la ira, pero como había sido el rey quien le había golpeado no se atrevió a decir una palabra en su defensa. Sin embargo, por mucho que lo intentó no pudo controlar su ira, porque le había golpeado sin una verdadera razón. Así que se dio la vuelta y le dio una bofetada al hombre que estaba a su lado. El hombre le preguntó al bufón de la corte:

—¿Por qué has hecho eso? No te he hecho nada ¿Por qué me das una bofetada?

—¿Y qué? —dijo el bufón— Simplemente dásela tú a la persona que esté a tu lado. La vida es como una gran rueda —dijo—. A medida que gira podemos ver que cada uno de nosotros recibe lo que se merece. Así que no dudes en pasar el golpe.

El amor: la fragancia de la vida

Eso es lo que vemos a nuestro alrededor incluso actualmente. Sacamos nuestra ira y nuestra venganza contra los que tenemos cerca, aunque no sepan nada en absoluto de la situación. No cabe duda de que lo que damos nos vuelve, sea hoy o mañana. Si un hombre golpea a su mujer en Occidente, a menudo le devuelven el golpe inmediatamente; pero en la India no es así. Nuestros antepasados nos han enseñado que el marido es una forma visible de Dios. Pero, ¿qué es la esposa para el marido? Muchos maridos ven ahora a sus esposas como vertederos para su ira. La esposa soporta los golpes y el maltrato verbal y reprime su propia ira. En ese momento su hijo llega a casa de la escuela. Entra corriendo, dando saltos y entusiasmado por sus planes de jugar con sus amigos esa tarde; pero, en cuanto ella lo ve, la ira de la madre se duplica. Lo agarra y le dice:

—¿No puedes andar en lugar de correr? ¡Deja de saltar así! ¿Por qué te has ensuciado tanto la ropa?

Y le pega hasta que su ira se aplaca. ¡Ese pobre niño! ¿Qué ha hecho mal? En su mundo solo había alegría y risa; pero, ¿lo entendía su madre? En una sociedad que está llena de egoísmo y de ego, el pequeño mundo de los niños —un mundo lleno de juego y de risa— queda aplastado.

La vida debe florecer en una risa total. Eso es religión. Eso es espiritualidad. Eso es la verdadera oración. Dios es la sonrisa inocente y espontánea que florece desde el interior. Ese es el mayor premio que podemos darle al mundo. Pero en el mundo actual esa risa es extraña para la gente. El mundo actual sólo conoce la sonrisa llena de egoísmo, maldad y artificialidad. Eso no es una sonrisa; solo es un estiramiento de labios, porque el corazón no está presente. Eso es un pecado, una forma de violencia, una traición al Ser. Tenemos que recuperar el mundo del niño, un mundo que está lleno de risa y alegría. Hay un niño durmiendo dentro de cada uno de nosotros. No podemos evolucionar sin despertar a ese niño.

En la actualidad nuestro cuerpo ha crecido hacia arriba y hacia afuera, pero nuestra mente no ha crecido. Tenemos que volvernos como niños para que nuestra mente crezca y llegue a ser tan amplia como el universo, porque sólo un niño puede crecer. Tenemos que tener la pureza y la humildad de un niño. La humildad es la cualidad que nos hace volvernos tan extensos como el universo. Por eso se dice que solo puedes convertirte en un "hero" ("héroe" en inglés) si primero te vuelves un "cero".

Muchas personas se quejan de que en el mundo actual no es posible evolucionar tratando de hacer el bien; pero cada momento de la vida es una oportunidad de hacer el bien. Para los que desean hacer el bien, cada momento puede ser útil, y los que lo retrasan se están engañando.

¿Qué marido le diría a su esposa: "te amaré mañana a las diez en punto de la mañana o a las cinco de la tarde"? Si alguien lo dijera, esas palabras dejarían claro que ahí no hay amor en absoluto. El amor no es algo que aparezca o se añada después. El amor está aquí AHORA. El amor y la fe son la belleza de la vida, pero está en la naturaleza de la gente el tirarles piedras al amor y la fe en cualquier lugar en que se encuentren esas cualidades.

Eso tiene que cambiar. El amor es la rosa que le da una fragancia pura a la vida. Nadie debería tirarle piedras.

Las personas modernas se centran en la razón y el intelecto y a menudo opinan que el amor y la fe son conceptos ciegos; pero Amma dice que la razón es ciega, porque cuando no hay nada más que lógica y razón, la vida misma se marchita. Por eso, debemos centrarnos en el amor, la confianza mutua y la fe. Imaginad una sociedad construida solo sobre el intelecto y la razón. En una sociedad así solo habría máquinas con buena apariencia, que se moverían solas y hablarían. Por eso Amma dice que el amor y la fe son la base de la vida.

El estiércol y el fertilizante hay que echarlos en las raíces del rosal. No los amontonéis sobre las aromáticas flores y echéis a perder la dulce fragancia. Utilizad la razón y el intelecto cuando corresponda. No permitáis que la razón y el intelecto destruyan el amor y la fe que dan belleza y fragancia a la vida.

La peregrinación a *Sabarimala*[34] es un ejemplo de cómo el amor y la fe elevan a innumerables personas. Durante cuarenta y un días los peregrinos dejan de beber y las malas compañías, dejan de fanfarronear y llevan una vida de celibato, con un sentido de lo correcto y lo incorrecto, y recitan un único mantra: "*Swamiye Sharanam*" (El Señor es mi único refugio). Al menos durante ese tiempo, la familia y la sociedad están libres de los efectos del alcohol y las drogas. Y, sin embargo, la gente compite para enviar dardos llenos de críticas incluso contra esta peregrinación y sus tradiciones. El argumento es que solo se está engañando a la gente, se explota su fe, etc.; pero la gente no ve su lado práctico. Debemos examinar las cosas cuidadosamente y criticar solo cuando sea adecuado. Y la crítica no debe ser ciega. No debe

---

[34] Un centro de peregrinación de *Kerala* con un famoso templo del Señor *Ayyappan*.

matar lo positivo. Solo por el amor y la fe podemos descubrir el principio del Ser.

En la actualidad el amor es el tema de cientos de películas, novelas y canciones. Es el tema favorito de la mayoría de los escritores; pero el amor no nace solo por leer o escribir. Es difícil encontrar amor verdadero en el mundo actual. Hasta la relación entre el marido y la esposa se está volviendo mecánica. La vida en sí misma se ha vuelto aburrida.

Amma se acuerda de una historia. Un marido y su esposa estaban durmiendo en un catre en el patio de su casa. De repente vino un torbellino y se los llevó volando con el catre. Los dejó en un lugar a cien kilómetros de distancia. Afortunadamente no estaban heridos. La mujer se puso a sollozar. El marido le preguntó:

—¿Por qué lloras, querida? Mira. Hemos aterrizado a salvo, ¿verdad? No ha habido ningún daño. Ni siquiera nos hemos hecho ninguna herida. Así que, ¿por qué lloras?

La esposa respondió:

—No estoy llorando de tristeza. Estoy llorando porque soy muy feliz.

—¿Por qué eres tan feliz?

La esposa respondió:

—¿No es esta la primera vez que hemos viajado juntos desde que nos casamos? ¡Después de todo este tiempo! No pude evitar ponerme a llorar cuando lo pensé.

Así es la vida familiar en la actualidad.

El amor es la unión de los corazones. El amor es el acto en el que los corazones se funden y se convierten en uno. El amor es el sentimiento de "yo y mi vida pertenecemos a mi amado". El amor es la entrega total. Pero no puede sentirse una entrega total y un amor eterno por objetos que cambian. Solo es posible sentir amor y un sentido de entrega por el inmutable Espíritu Supremo.

El amor verdadero es la emoción que el corazón siente por el Espíritu Supremo, una añoranza irresistible de Dios. Solo por la entrega a Dios podemos experimentar ese amor, ese desinterés y esa completa dicha. Tenemos que dedicar nuestra vida entera a Dios. Eso es la entrega completa, y sin ella no es posible la verdadera felicidad.

Las circunstancias son complejas

La base del éxito no radica en nuestras acciones, porque solo por la gracia divina podemos tener éxito en cualquier cosa. Cuando intentamos hacer algo, además de la acción que realizamos hay muchos factores involucrados. Solo cuando todos los factores son favorables podemos obtener el resultado deseado. Por muy cuidadosos que seamos cuando cruzamos la carretera, sabemos que si un conductor no tiene cuidado nos puede atropellar. Suponed que estamos conduciendo un coche y respetamos cuidadosamente todas las normas de tráfico. Aun así, un conductor borracho que viene en dirección opuesta puede chocar con nosotros.

En la actualidad se saben muchas cosas; pero todavía no entendemos la verdadera naturaleza del mundo. Solo entendiendo la verdadera naturaleza del mundo experimentaremos la paz mental. Estamos rodeados de todo lo que necesitamos para aumentar nuestra comodidad física; pero, por mucho que cambiemos las circunstancias materiales, los cambios básicos no están teniendo lugar en el interior.

Amma recuerda una anécdota. Un caballero indio fue invitado a visitar Estados Unidos. Todo estaba organizado para su visita. Cuando llegó a la casa donde iba a hospedarse, su anfitriona le dio la bienvenida. Le preguntó:

—¿Qué le gustaría beber?

Su atenta pregunta le agradó. Dijo:

—Un poco de té estaría bien.

—¿Qué clase de té le gustaría? ¿Con cafeína o descafeinado? ¿O preferiría té con limón? ¿O quizás sería mejor un té con jengibre?

Nombró muchas clases distintas de té de las que el invitado nunca había oído. Lo único que había probado en su vida era té negro corriente con leche normal y azúcar. Estaba muy confuso. "¿Por qué me está preguntando todo esto?", pensó.

—Quisiera un té corriente —dijo.

La señora fue a la cocina y volvió otra vez.

—Perdóneme, pero, ¿quiere té con azúcar, azúcar artificial o sin azúcar? Tengo incluso azúcar totalmente natural.

Para entonces el visitante casi había perdido la paciencia.

—Solo quiero té.

Ella volvió a preguntarle:

—¿Quiere té con leche o sin leche? ¿Y la leche debe ser entera, semidesnatada o desnatada?

El caballero ya estaba bastante alterado.

—¡Oh, Dios! ¡Me basta con un vaso de agua!

La señora le preguntó rápidamente:

—¿Quiere agua filtrada o agua mineral? ¿O prefiere agua con gas?

Para entonces la paciencia del visitante se había acabado por completo. Entró en la cocina, se sirvió él mismo un vaso de agua del fregadero y se la bebió. Eso era todo lo que necesitaba, ¡pero cuántas preguntas le hicieron!

Aunque nuestra necesidad sea pequeña, puede haber muchas formas de satisfacerla. Y en la actualidad cada vez hay más maneras. Hay, por ejemplo, muchas formas de llegar a un lugar. Hay todo tipo de vehículos disponibles. Podemos llegar a la velocidad que queramos; pero a pesar de todas esas comodidades, cuando hay alguna dificultad, sufrimiento o tristeza, ninguna de esas opciones pueden ayudarnos. Solo podemos sufrir. Ningún otro camino aparece ante nosotros. Aquí es donde la espiritualidad se vuelve importante. Hay una manera de liberarse del sufrimiento y la tristeza. ¿Por qué nos llegó ese sufrimiento? ¿Cuál es la razón de nuestras dificultades? Debemos tratar de comprender la verdadera razón, porque si no la entendemos el sufrimiento continuará.

El novio de una joven llega donde ella está y le dice:

—¡Qué guapa eres! Estar tan cerca de ti me hace muy feliz. No puedo ni imaginarme la vida sin ti.

Ella se siente encantada cuando oye esto, pero no mucho después él dice:

—¡Ni te me acerques! Te tengo alergia.

Al escucharlo se derrumba de dolor. No se da cuenta de que esa es la naturaleza del mundo y por eso sufre.

¿Cuál es la naturaleza del mundo? El amor está vinculado a un objeto. Amamos a la vaca por su leche. Cuando deja de dar leche, se la vendemos al carnicero. Así será si confiamos en el mundo. El mundo no estará con nosotros en los momentos de dolor. Cuando llegue el dolor, preguntaos: "¿Por qué me ha pasado esto?" Si podemos dar con la respuesta a esa pregunta en todas las crisis, sabremos cómo continuar. El que ahora está tratando de cruzar el río podrá cruzar más tarde un mar entero si mantiene constantemente ese esfuerzo. En realidad, los problemas que surgen de vez en cuando en la vida nos vuelven más fuertes. Son las situaciones que Dios crea para aumentar nuestra fortaleza. Si se nos clava en el pie una espinita, estaremos más atentos al andar y eso puede evitar que caigamos en una zanja. Debemos recordar esto e intentar aferrarnos al Ser Supremo.

No es posible llegar a ser campeón de levantamiento de peso si solo se han levantado pesas pequeñas. Hay que hacer el esfuerzo necesario para convertirse en campeón: primero veinticinco kilos, luego treinta, cuarenta, cincuenta, etc., aumentando lentamente el peso. Del mismo modo, solo los que persisten en sus esfuerzos

triunfan en cualquier campo. Si solo practicáis utilizando pesas pequeñas, os resbalareis y os caeréis cuando tratéis de levantar pesas mayores. En la actualidad no sabemos cómo arreglárnoslas por nosotros mismos. Si aquello en lo que nos apoyamos se mueve un poco, seguro que nos caeremos. La espiritualidad nos da la práctica necesaria para permanecer firmemente arraigados en nosotros mismos.

Que la voluntad divina prevalezca

Hijos míos: A menudo decimos: "Solo sucedió porque pensé en ello, por mi voluntad". Pero, ¿realmente sucede algo por nuestra voluntad?

"Salgo ahora mismo", dice alguien desde el interior de la casa. Y entonces esa persona da un paso, sufre un ataque al corazón y se desploma. Si solo nuestra voluntad tuviera algún poder real, ¿no habría sido esa persona capaz de salir de su casa como había prometido? Tenemos que entender esto y dejárselo todo a la Voluntad Divina.

Hay una historia sobre *Radha* y las *gopis* relacionada con esto[35]. Cuando el Señor *Krishna* se fue de *Vrindavan* a *Mathura*, las *gopis* se sintieron sumamente tristes por separarse de él. Se sentaron en la orilla del río Yamuna, compartiendo su dolor.

—*Krishna* no nos ha llevado con él. Si regresa, no debemos dejar que se vuelva a marchar —dijo una de las *gopis*.

—Cuando el Señor regrese, le pediré un deseo —dijo otra *gopi*.

—¿Qué le pedirás?

—Que pueda jugar siempre con el Señor; eso es lo que le pediré.

---

[35] Las *gopis* eran vaqueras y lecheras que vivían en *Vrindavan*. Eran las devotas más íntimas de *Krishna* y se las conocía por su devoción suprema al Señor.

Una tercera *gopi* dijo:

—¿Yo también puedo pedirle un deseo?

—¿Qué sería?

—Que el Señor coma mantequilla de mis manos[36]. Ese es el deseo que le pediré.

Otra *gopi* dijo:

—Debería llevarme con él a *Mathura*; eso es lo que le pediré.

—Yo quiero que me permita abanicarle siempre —dijo otra.

Las *gopis* se dieron cuenta de que *Radha* no había dicho ni una palabra, y una de ellas le preguntó:

—*Radha*, ¿por qué no dices nada? ¿Qué deseo le pedirías? Dínoslo, *Radha*.

Siguieron insistiendo hasta que finalmente *Radha* dijo:

—Si deseo alguna cosa, ofreceré ese deseo a los pies de mi Señor. Sea cual sea su voluntad, esa es también mi voluntad. Su felicidad es mi felicidad.

Así que dejadlo todo a la voluntad de Dios. Ni siquiera podemos estar seguros de que seamos capaces de tomar nuestra siguiente inspiración. No está bajo nuestro control. Lo que prevalece es la voluntad de Dios. Lo que podemos hacer es esforzarnos y avanzar, utilizando las capacidades que Dios nos ha dado. Nunca dejéis de esforzaros. Es imprescindible esforzarse, tratar de hacer el máximo esfuerzo en todo lo que hagamos.

Prakrti, vikrti, samskrti

Otra cuestión es cómo debemos vivir esta vida que Dios nos ha dado. *Prakrti, vikrti, samskrti* es un dicho común. Hay cuatro hombres. Cada uno tiene un trozo de pan. El primer hombre se come el pan en cuanto se lo dan. El segundo le quita el pan al

---

[36] De niño *Krishna* adoraba la mantequilla y la cuajada. Robaba inocentemente la mantequilla a las *gopis* y se le conocía como el Ladrón de Mantequilla.

tercer hombre y se lo come, además de su propio trozo. El cuarto hombre le da la mitad de su pan al tercer hombre que ha perdido el suyo.

El comportamiento del primer hombre es *prakrti*, su naturaleza. Piensa en su propia felicidad. Ni daña ni ayuda a nadie. La conducta del segundo hombre es *vikrti*, una distorsión de la naturaleza normal. Cumple su propio deseo egoísta, llegando hasta el punto de hacer daño a otros. El comportamiento del cuarto

hombre es *samskrti*, la verdadera educación. Les da a los demás lo que tiene y pone el bien del mundo por encima de su propia felicidad. Nosotros también debemos ser capaces de compartir esta vida nuestra en beneficio de los demás. Eso es *samskrti*, la verdadera cultura, la verdadera educación.

Algunas personas dicen: "Lo que he acumulado, lo he perdido; y lo que he dado, todavía lo tengo". ¿Qué significa eso? Si les damos algo a los demás, ciertamente lo recuperaremos mañana, si no hoy. Por el contrario, perderemos en poco tiempo lo que acumulemos por egoísmo. Suceda lo que suceda, no podremos llevarnos nada con nosotros cuando muramos; pero cuando damos, el corazón se llena igual que el corazón de los que reciben lo que damos. Amma recuerda una historia relacionada con esto.

Un chico solía pasar por un orfanato de camino al colegio. Veía las caras infelices de los huérfanos y eso le enternecía el corazón. Se aproximaba la fiesta de *Onam* y su padre le dio algo de dinero. Pensó: "Tengo a mi padre y a mi madre que me compran juguetes y ropa nueva; pero, ¿quién hará felices a esos niños? No tienen padres. No tienen a nadie a quien llamar suyo. ¡Qué tristes deben de estar!" De repente tuvo una idea. Fue a ver a sus amigos y les dijo:

—Juntemos el dinero que nos dan por *Onam* para comprar juguetes y máscaras. Podemos venderlos en la ciudad y ganar dinero, y con ese dinero podemos comprar más cosas y venderlas también. Con nuestras ganancias podemos comprar suficientes juguetes para dárselos a los niños del orfanato.

Pero a los demás chicos no les gustó la idea. Con su dinero quería comprarse juguetes para ellos mismos. Solo pensaban en su propia felicidad. Por fin, uno de chicos accedió a unírsele. Así que los dos reunieron su dinero y compraron juguetes y máscaras. Se ponían las máscaras, iban a los cruces más concurridos de la ciudad y montaban un espectáculo. La gente se echaba a reír al ver sus travesuras. Los chicos les decían a todos:

—Por favor, compradnos máscaras y juguetes y dádselas a vuestros hijos. Les harán reír y ser felices, y vosotros también seréis felices. Os reís cuando nos veis jugar con estas máscaras, pero hay muchos que no pueden reírse. Por favor, ayudadnos a hacerles reír comprándonos algo.

A la gente le gustaban las palabras y el comportamiento de los chicos y compraron todas sus existencias. Después los chicos compraron más cosas con ese dinero y lo vendieron todo. Con la recaudación compraron muchos juguetes y máscaras. El Día de *Onam* los dos chicos llevaron todo los regalos al orfanato. Cuando llegaron, los huérfanos estaban tristes y ni siquiera podían sonreír. Los chicos los llamaron a todos y les pusieron máscaras. Encendieron bengalas (*poothiris*) y le dieron una a cada niño. Los niños se olvidaron de sus penas. Bailaron alegremente y corrieron de aquí para allá riendo y jugando. Mientras tanto, el chico que lo había organizado todo se olvidó completamente de ponerse una máscara o encender un *poothiri* para sí mismo. Miraba la diversión, los juegos y la risa de todos los demás y no era consciente de nada más. La felicidad de los niños hizo que se olvidara completamente de sí mismo y derramara lágrimas de alegría. La felicidad que experimentó fue mucho mayor que la de todos sus amigos. No se quedó con nada para sí mismo, pero recibió todo lo que había dado. Esa es la grandeza de la compasión. Se nos devolverá sólo lo que demos: amor si es amor e ira si es ira.

Mirad el mundo, hijos míos. Hay tantas personas que sufren... Innumerable personas son tan pobres que no pueden permitirse ni una comida. Hay algunos que sufren un dolor terrible porque no pueden permitirse comprar ni un solo analgésico. Y, mientras eso sucede, hay otros que malgastan su dinero en tabaco, alcohol y ropa cara. Si quisieran, el diez por ciento de los ricos de este país podrían elevar a los pobres. Si se empeñaran en ello, no habría más pobreza en este país. En realidad, los verdaderamente pobres son los que se han hecho ricos acumulando para sí mismos la parte que les corresponde a otros. Ellos simplemente no se dan cuenta de esto.

La finalidad de la vida es mirar hacia el interior y conocer el Ser. Solo los que conocen el Ser son verdaderamente ricos. Son los que tienen la verdadera riqueza. No les queda nada de que preocuparse. Los que se acercan a ellos también pueden participar y disfrutar de esa riqueza.

El noventa por ciento de los problemas físicos y mentales nacen de los dolores del pasado. En la actualidad cargamos con esas heridas durante toda la vida. La única forma de curar esas heridas es amarse unos a otros con el corazón abierto. Igual que el cuerpo necesita comida para crecer, el alma necesita amor. De ese amor sacamos la fuerza y la vitalidad que no podemos obtener ni de la leche materna. ¡Tratemos todos de unirnos por medio del amor mutuo! Qué ese sea nuestro voto.

Amma durante la celebración de uno de sus cumpleaños.

Segunda Parte

Refúgiate solo en mí

Abandonando todos los *dharmas*
refúgiate solo en Mí.
Yo te liberaré de todos los pecados.
No te aflijas.

— Bhagavad Gita , 18.66

Hijos míos:
El conocimiento del Ser es la capacidad de vernos
a nosotros mismos en todos los seres vivos.

— Sri Mata Amritanandamayi

Entregádselo todo a Dios

Hijos míos, nuestra mente se ha quedado atascada en las cosas materiales. Nuestra mente está llena de egoísmo. Por eso no hay lugar en nuestro interior para que Dios resida. La razón de ir a un *ashram* y refugiarse en un maestro espiritual es conseguir liberarse de ese estado y purificar la mente; pero actualmente hasta en esos lugares las personas rezan por la riqueza material.

Dicen las palabras "amo muchísimo a Dios"; pero lo que hace falta es entregar las cosas que mantienen cautiva la mente. Solo entonces conoceremos claramente nuestra entrega y amor a Dios.

Una niña le escribió una carta a su amiga en su cumpleaños. "Estaba muy contenta cuando pensaba en tu cumpleaños. Me pasé muchísimo tiempo buscando un bonito regalo para ti. Finalmente lo encontré en una tienda; pero costaba diez rupias, así que no lo compré. Quizás te lo compre en otra ocasión". La niña quería mucho a su amiga —había dicho que incluso daría la vida por su amiga—, pero no estaba dispuesta a gastarse diez rupias en ella. Así es nuestro amor y devoción a Dios. Solo pronunciamos las palabras "se lo he entregado todo a Dios".

Le prometemos un coco a la deidad del templo para lograr algo; pero, cuando conseguimos lo que deseamos, buscamos el coco más pequeño y barato para ofrecérselo a Dios. Hijos míos, el verdadero amor y devoción no son así en absoluto. Debemos estar dispuestos a ofrecer hasta nuestra vida. Si le damos algo a Dios nosotros somos los que nos beneficiamos de ello. Pensar de otra manera es como llenar un cubo de agua de la alcantarilla y ofrecérsela al río, diciéndole: "Oh, río, debes de tener sed. Bébete esto". Dios no quiere nada nuestro. Dios es el que nos lo da todo. Dios es el que nos purifica. Relacionándonos con Dios, nos limpiamos.

Hijos míos: solo una mente con sentido del *dharma* se acerca a Dios. ¿Cómo eran las personas de antes? Estaban preparadas para sacrificar hasta sus vidas por un pajarito. Ese sentido del *dharma* es lo que nos acerca a Dios, al Ser Supremo. Nuestra amplitud mental es lo que nos permite acercarnos a Dios y lo que hace que las cualidades de Dios se reflejen en nosotros. Una mente así nutre las cualidades divinas que ya hay en nuestro interior. Nuestras buenas acciones y nuestras cualidades positivas son como un fertilizante que alimenta la semilla para que pueda convertirse en un árbol. La gracia de Dios no llega a una mente egoísta. Tenemos que abandonar nuestro egoísmo para poder recibir la gracia divina. La forma de lograrlo es seguir el camino del *dharma*. Igual que conseguimos diez semillas sembrando una semilla, cuando le damos algo a Dios recibimos mil veces más. Cuando nos entregamos a Dios recibimos mil veces más. Dios es el Poder que nos protege y no alguien a quien tengamos que proteger. Hay que comprender esto claramente.

Si no podemos entregarle nuestro cuerpo o nuestra mente a Dios, ¿no podemos entregarle nuestros deseos? Pero antes tenemos que entregar el egoísmo que es un obstáculo para ello.

¿Necesitáis seguir cargando con vuestro equipaje después de haberos subido al tren? ¡Ponedlo en el suelo! El tren llevará la carga hasta el destino. Soltad la carga. Ya no tenéis que cargarla vosotros mismos.

Al tener fe en Dios crece en nosotros la actitud de entrega y experimentamos paz y armonía. Mientras una persona sea egoísta tendrá que llevar la carga. Dios no es responsable de ello. No basta con confiar en vuestro médico. Tenéis que tomaros las medicinas y cumplir el régimen alimenticio que el médico os indique. No basta solo con la fe en Dios. Tenemos que vivir según los principios de Dios. Así es cómo se cura la enfermedad del *samsara* (el ciclo interminable del nacimiento, la muerte y el renacimiento) y logramos nuestra meta.

Hijos míos, dejad todas vuestras cargas a los pies de Dios y vivid en paz y armonía.

La devoción es acción positiva

Los que son aptos para recibir la gracia de Dios no son quienes solo alaban a Dios, sino los que viven según sus principios. Ellos son los que ganan en la vida.

Un hombre rico tenía dos asistentes. Uno de ellos le seguía diciendo: "¡Señor! ¡Señor!" Alababa constantemente a su amo, pero no trabajaba nada. El otro asistente casi nunca se acercaba a su señor. Estaba totalmente centrado en terminar el trabajo que le había sido asignado. Trabajaba para su amo renunciando a la comida y el sueño. ¿A qué asistente amaba el señor?

La gracia de *Rama* fluye más hacia los que viven según sus palabras que hacia los que continuamente le llaman: "¡Oh, *Rama*! ¡*Rama*!" A Dios le agradan más los que hacen *tapas* y servicio desinteresado. Eso no significa que no debamos llamarle a Dios; pero llamar a Dios solo da frutos si va acompañado de buenas acciones. Las acciones negativas anulan los resultados positivos que se ganan al recitar los nombres divinos y destruyen nuestros buenos *samskaras*.

La gente va a los templos a circunambular tres veces a la deidad, y cuando sale insulta al pobre mendigo que hay en la puerta, gritándole para que se marche. Queridos hijos míos, eso no es en absoluto devoción. Ser compasivo con los pobres es nuestro deber para con Dios. Hijos míos, estáis haciendo buenas acciones, pero también malas. Así perdéis los frutos que habéis ganado con las acciones positivas. Dejad un montón de azúcar a un lado y una gran colonia de hormigas al otro: ¿qué más necesitáis para que se pierda el azúcar? Basta con recitar el mantra unas pocas veces si va acompañado de buenas acciones. Eso equivale a recitar el mantra un día entero.

Nuestras vidas deben estar bendecidas por nuestros buenos pensamientos y acciones. Eso no es muy difícil de conseguir. Tratad de ver solo lo bueno en todo. No envidiéis a nadie. Vivid sin lujos innecesarios. Si tenéis por costumbre comprar diez saris al año, comenzad bajando el número a siete y después a cinco. Reducid de esta forma el número de compras innecesarias y comprad solo lo que sea necesario. Gastad el dinero que ahorréis así en una buena causa. Hay niños que no van al colegio porque no pueden permitirse pagarlo. Podemos ayudarles a pagar la matrícula. Aportemos por lo menos eso a la sociedad. Los mantras que recitan las personas que hacen esas aportaciones son lo que Dios más quiere, porque las buenas obras son el camino que nos lleva a Dios.

Podéis preguntar: "¿No logró *Ajamila*[37] la liberación recitando el nombre divino una sola vez?" Bueno, no fueron sólo esas palabras las que lo llevaron a Dios. Fue el fruto de las buenas obras que había realizado en algún momento del pasado.

Había un mercader que se pasó toda la vida haciendo daño a los demás. No había realizado ni una sola buena acción. Como había leído la historia de *Ajamila*, les puso a sus hijos nombres divinos, para obtener la liberación[38] al llamarlos en su lecho de muerte. Cuando se acercaba a la muerte, sus hijos se reunieron a su alrededor. Abrió los ojos y los miró. Vio que todos estaban allí. Le preocupaba que todos ellos estuvieran presentes y que nadie se estuviera ocupando de su tienda:

—¿Quién está en la tienda? —se le escapó.

Y ese fue su último aliento. Ese será el destino de cualquiera que pase por la vida sin recordar a Dios y, sin embargo, espere lograr la liberación llamando a Dios solo al final. Los pensamientos que surgen en la mente de una persona al final de la vida se corresponden con las acciones que realizó durante su vida. Las

---

[37] La historia de *Ajamila* se narra en el *Shrimad Bhagavatam*. Era un brahmán que cayó en malas compañías, se casó con una prostituta y llevó una vida de corrupción y crueldad. Estaba profundamente apegado al menor de sus diez hijos, cuyo nombre era Narayana, que es el nombre del Señor *Vishnu*. Cuando *Ajamila* estaba en su lecho de muerte y gritó el nombre de su hijo, los asistentes del Señor *Vishnu* aparecieron de inmediato y ahuyentaron a los mensajeros del Señor de la Muerte que habían venido a llevarse el alma de *Ajamila*.

[38] En el hinduismo y otras religiones orientales se cree que el último pensamiento que entra en la mente de la persona que se está muriendo influirá en la naturaleza de su siguiente vida.

acciones de la persona influirán en sus últimos pensamientos. Llenando la vida de buenas acciones, al final entran en la mente buenos pensamientos.

Realizando acciones desinteresadas mientras recitan los nombres divinos, los seglares logran el mismo resultado que los sabios con su *tapas*. Con la meditación, la persona que hace *tapas* lleva la mente, que normalmente deambula en distintas direcciones, a un punto. Los sabios, que viven según los principios espirituales, dedican al mundo la fuerza que ganan con sus prácticas ascéticas. El servicio al mundo es el camino que los maestros recomiendan a los seglares que no pueden pasarse el día entero meditando y repitiendo un mantra. Entonces logran la liberación por la gracia del maestro, cuyo corazón se conmueve viendo su servicio desinteresado. Un *Satguru* (maestro iluminado) es como una tortuga. Igual que se dice que la tortuga incuba los huevos con el poder de sus pensamientos, los seglares pueden lograr la liberación por el pensamiento del *Satguru*. Lo que se gana con el servicio desinteresado no es de ninguna manera inferior a lo que se logra mediante el *tapas*. Eso no quiere decir que no haga falta llamar a Dios. Significa que nuestras oraciones deben ir acompañadas de acciones positivas. Dios no escucha la recitación vana de sus nombres. Esta debe ir acompañada de nuestras buenas acciones. Si falta eso no recibiremos la compasión de Dios.

El Señor *Krishna* le animó a *Arjuna* a luchar. No le dijo: "Destruiré a todas esas personas y te salvaré. Tú quédate aquí sentado". Al contrario, le dijo: "*Arjuna*, tienes que luchar. Yo estaré contigo". Eso demuestra la necesidad del esfuerzo humano.

La necesidad de un maestro espiritual

Hijos míos: la ventaja de hacer *tapas* debe entenderse a la luz de las situaciones que afrontamos. Cuando hacemos frente a situaciones difíciles, tenemos que avanzar sin que nuestra mente flaquee y sin vacilar. Esa es la verdadera grandeza. Experimentar paz al estar sentado en meditación y ponerse nervioso al salir de ella no es lo que se espera de un buscador. Cualquiera puede cantar sin acompañamiento; pero la destreza del cantante para modular la voz en armonía con la nota tónica solo se vuelve evidente cuando canta acompañado por un armonio y mantiene el compás. Igualmente, el verdadero logro de un buscador consiste en mantener el ritmo y la armonía de la mente, sea cual sea la circunstancia. Eso es verdadero *tapas*. Si surge la ira, no hay que sucumbir a ella. Ceder a la ira y ser esclavizado por las circunstancias no es una actitud adecuada para un buscador.

En una aldea al pie del Himalaya había un herrero. Doblaba las barras de metal golpeándolas contra una piedra que había cerca de su taller. Un día, cuando se acercaba a la piedra, se cruzó con una cobra. Al día siguiente también estaba allí, incapaz de moverse por el frío. El herrero pinchó a la serpiente, pero esta no se movió. Como le daba pena, se la llevó a su taller y le dio leche y fruta. Volvió al trabajo. Calentó una barra de hierro en el fuego y la golpeó hasta darle forma. Cuando la sacaba tocó a la serpiente. La cobra levantó su capucha, lista para atacarle. Él había pensado que la serpiente era muy dócil, que no le haría daño a nadie; pero cuando recibió el calor de la herrería, ya no tenía frío y su naturaleza cambió. Del mismo modo, cuando se hace *tapas* la mente está "congelada"; pero, si no se tiene cuidado, las tendencias innatas volverán a levantarse en cuanto el entorno se vuelva propicio para ellas. Por eso, el aspirante espiritual debe fortalecer la mente para poder afrontar y trascender sin vacilar cualquier situación. La tarea del maestro espiritual es elevar al discípulo a ese nivel. Nuestra mente debe ver todo en todas las situaciones como a Dios, como el Ser. Solo entonces podremos decir que somos fuertes.

Debemos entrenar nuestra mente para ver solo lo bueno, el principio divino, en todo, y saborear la dicha del Ser como la abeja que busca la miel de las flores y solo saborea la miel. Si en cualquier lugar del discípulo hay ira o ego escondidos, el deber del maestro es sacarlo a la luz y erradicarlo. La madurez que el discípulo obtiene estando en presencia del maestro durante un corto lapso de tiempo no se logra en un periodo largo de práctica espiritual en soledad. Cuando le encarga cualquier trabajo al discípulo, sea una tarea fácil o difícil, el objetivo del maestro es eliminar el ego del discípulo y volverle apto para el conocimiento del Ser. Lo que el discípulo necesita es un certificado del maestro. El deber del discípulo es obedecer todas las palabras del maestro. Como el martillo en manos del herrero, el discípulo debe convertirse en un instrumento en manos del maestro. El discípulo debe aceptar todas las órdenes del maestro. El maestro tiene la autoridad y el mando absolutos sobre el discípulo. Solo habrá progreso cuando el discípulo se permita convertirse en un instrumento.

Un joven estudiante suspendía cuatro o cinco veces cada curso antes de aprobarlo. Finalmente consiguió llegar de alguna manera al décimo curso, el más alto del colegio. El chico estaba convencido de que no aprobaría aunque hiciera el examen de décimo curso diez veces; pero su profesor decidió ayudar al chico para que aprobase ese año. Día y noche, sin descanso, le enseñaba todas las lecciones. Tenía especial cuidado para que la atención del chico no se distrajera de los estudios. Por fin llegó el momento del examen. El chico hizo el examen y aprobó a la primera. El *Satguru* es como ese profesor que llevó al éxito al alumno al que todo el mundo había descartado como incapaz de triunfar. Es muy difícil llegar al mundo del Ser, aunque lo intentemos durante mil vidas; sin embargo, con la ayuda del maestro, el discípulo puede lograr la iluminación en una sola vida.

Que se nos permita vivir con el maestro no quiere decir que hayamos sido aceptados como discípulos. El maestro acepta a una persona como discípulo solo después de haberla observado y probado minuciosamente. Un verdadero discípulo tiene una fe completa en cada palabra del maestro y responde a esas palabras con una conciencia atenta. El discípulo también tiene la actitud de entrega al maestro.

Solo por la renuncia puede alcanzarse la inmortalidad

Hijos míos: A menudo hemos oído el mantra "*Tyagenaike amritatvamanashuh*" (Solo por la renuncia puede alcanzarse la inmortalidad). No es un mantra solo para ser recitado o escuchado; es un principio que hay que emular en la vida. Más que recitarlo, hay que vivirlo.

Si nuestro bebé cae enfermo, lo llevamos al hospital. Y, si no podemos encontrar un vehículo, caminamos, aunque el hospital esté lejos. Estamos dispuestos a postrarnos ante quien sea para que nuestro bebé sea ingresado. Si no hay ninguna habitación privada disponible, los padres, por mucha categoría y poder que tengan, estarán dispuestos a pasar la noche en la sala general, incluso durmiendo en el mugriento suelo. Pedirán permiso en su trabajo durante días para cuidar a su hijo. Pero todo eso lo hacen por su propio bebé y por su propia paz mental, así que no puede llamárselo verdadera renuncia o sacrificio.

Estamos dispuestos a subir y bajar las escaleras de los tribunales muchas veces por un centímetro de tierra, pero lo hacemos por nuestra propiedad. Dejamos de dormir y trabajamos horas extra por la noche, pero lo hacemos para ganar más dinero para nosotros mismos. Nada de eso puede llamarse renuncia.

La renuncia consiste en no tener en cuenta nuestra propia comodidad y felicidad mientras ayudamos a los demás. Si gastamos el dinero que hemos ganado trabajando duramente en beneficio de otro ser humano que sufre, es renuncia. Cuando el hijo del vecino está enfermo en el hospital y no hay nadie que le ayude y nos ofrecemos voluntarios para pasar noches en el hospital vigilando al niño[39] sin esperar nada a cambio, ni siquiera una sonrisa de nadie, eso es renuncia. Si cogemos el dinero que hemos ahorrado privándonos de algunas comodidades y lo dedicamos a una buena causa, a eso también se le puede llamar renuncia.

Con esas acciones estamos llamando a la puerta del mundo del Ser, y nuestras acciones desinteresadas nos abren esa puerta. Solo esas acciones pueden considerarse *karma* yoga (el camino de la acción desinteresada). Las acciones desinteresadas llevan el alma individual al mundo del Ser, mientras que las demás acciones llevan a la muerte. Ninguna acción realizada con la actitud de "yo" y "lo mío" acudirá nunca en nuestra ayuda.

Visitamos a un amigo al que no hemos visto en mucho tiempo y le damos con cariño un ramo de flores; pero nosotros somos los que disfrutamos primero de la belleza y la fragancia del ramo y los que experimentamos la satisfacción de darlo. Del mismo modo, experimentamos alegría y satisfacción cuando actuamos desinteresadamente.

Alrededor del cuerpo tenemos un aura, e igual que nuestra voz se graba en una cinta, todas nuestras acciones dejan su huella en el aura. Cuando las acciones de alguien son desinteresadas, el aura se vuelve dorada. Todos los obstáculos desaparecen del camino de esas personas, independientemente de lo que se dispongan a hacer. Todo es favorable para ellos. Cuando mueren se disuelven en la dicha del Ser Supremo, la Realidad Absoluta, igual que el gas de una botella de soda se funde con la atmósfera cuando la botella se rompe. Por el contrario, el aura de los que realizan acciones negativas se vuelve oscura y nunca están libres de problemas y obstáculos. Cuando mueren, su aura se queda en

---

[39] A diferencia de los hospitales occidentales, en los hospitales indios las enfermeras solo facilitan tratamiento médico. Por eso, un paciente hospitalizado tiene a un pariente o amigo que se queda con él o ella en el hospital para comprar las medicinas y ayudar con las necesidades personales del paciente.

el plano terrenal y se convierte en comida para los bichos y los insectos. Y tendrán que volver a nacer aquí.

Hijos míos, aunque alguien que realice acciones desinteresadas no encuentre tiempo para repetir o recitar un mantra, alcanzará la inmortalidad. Como el néctar, esa persona es beneficiosa para los demás. Una vida desinteresada es el mayor discurso espiritual que alguien puede dar. Otros pueden verlo e imitarlo.

Obras benéficas

Hijos míos, si no tenemos conciencia y discernimiento cuando damos con un fin benéfico, tendremos que sufrir por las acciones de los que reciben nuestros regalos. Si un hombre sano os pide, no le deis nada de dinero; pero le podéis dar comida. Decidle que trabaje para ganarse el sustento. Al dar dinero a personas sanas las volvemos perezosas. Pueden gastar el dinero en alcohol o drogas. Pueden hacer muchas cosas negativas. Al darles dinero, les damos la oportunidad de hacer esas cosas negativas, y nosotros también tendremos que cargar con los frutos. Si personas así piden dinero, ofrecedles pagarles por trabajar. Les podéis ofrecer algún trabajo en vuestro patio o cualquier clase de trabajo. Pagadles solo cuando hayan terminado el trabajo. Averiguad si la persona está dispuesta a hacerlo. Las personas que no están dispuestas a realizar ningún trabajo son destructivas. Ayudar a alguien así es crear una persona perezosa y de ese modo estamos haciendo daño al mundo. Si alimentamos a alguien a cambio de nada, se sentará sin hacer nada, caerá enfermo por la falta de ejercicio y se convertirá en una carga para él mismo y para el mundo. La mayor concentración de vagos puede verse frente a los lugares de beneficencia donde se distribuye comida gratuita.

Pero podemos ayudar a los pobres incapaces de trabajar por su mala salud. Podemos ayudar a los huérfanos que no puedan permitirse una educación. Podemos ayudar a esos niños pagando su matrícula escolar y otros gastos. Debemos ayudar a las viudas que pasan dificultades porque no tienen medios de vida. Podemos ayudar a los que han perdido las extremidades y ni siquiera pueden mendigar comida. Podemos comprar medicinas para indigentes que estén enfermos y no puedan permitirse comprar medicinas. Podemos donar dinero a los *ashram*s y otras instituciones que tengan proyectos de servicio; pero primero debemos averiguar si realmente están gastando ese dinero en servir a los pobres y a los que sufren. Los *ashram*s y otras instituciones parecidas pueden facilitar servicios que benefician a la sociedad en general, de modo que al ayudarles estamos ayudando a la sociedad en su conjunto. Por eso, necesitamos tener un gran cuidado y discernimiento cuando damos ayuda. Nuestra bondad y la ayuda que demos nunca deben llevar a que el que la reciba cometa malas acciones. Independientemente de a quien estemos ayudando, nunca debemos esperar a cambio ninguna amabilidad. Algunas veces podemos recibir a cambio insultos. Tener la expectativa de que alguien vaya a ser amable con nosotros solo nos provocará dolor. Nuestra mente debe ser como una varita de incienso que se quema mientras ofrece a todos su fragancia, incluso al que la está quemando. Eso es lo que nos lleva a los pies del Ser Supremo. Debemos ser beneficiosos hasta para los que nos hacen daño. Nuestra mente debe tener la actitud de ofrecer flores a cambio de las espinas que nos tiran. Cultivando nuestra mente de esta manera, podemos vivir en paz y armonía.

Reíd de todo corazón

Hijos míos: ¿Hay alguien entre nosotros a quien no le guste reírse? Por supuesto que no. Si hay algunos que no se ríen es por el dolor y la tristeza que llena su corazón. Cuando ese sufrimiento desaparezca, reirán automáticamente. Pero, actualmente, ¿cuántos de nosotros somos capaces de reírnos de todo corazón? Sonreímos cuando contamos chistes o cuando vemos a nuestros amigos, pero al mismo tiempo hay dolor en nuestro interior. Una verdadera sonrisa se origina en el corazón. Solo una sonrisa genuina ilumina la cara y el corazón de los que están a nuestro alrededor.

La risa de muchas personas se ha convertido nada más que en la extensión y la contracción de determinados músculos faciales. En esa risa no hay pureza de corazón. Reírse de los errores cometidos por los demás no es una verdadera risa. Debemos ser capaces de echarnos a reír por nuestros propios errores. Debemos ser capaces de reír profundamente, olvidándolo todo, recordando solo la Verdad Suprema. Esa es la verdadera risa, la risa de la dicha. Pero, ¿somos capaces de hacer esto?

Actualmente nos reímos sobre todo cuando nos acordamos de los defectos de los demás o cuando decimos cosas negativas de los demás. Hijos míos, hablar mal de los demás es difamarnos a nosotros mismos.

Amma recuerda una historia. Un maestro tenía dos discípulos. Ambos eran igual de orgullosos y siempre se criticaban mutuamente. Su comportamiento no cambiaba, por mucho que el maestro los aconsejara. Finalmente, el maestro encontró una solución. Una noche, cuando ambos discípulos estaban profundamente dormidos, les pintó la cara con colores brillantes, como si fueran payasos. Cuando uno de ellos se despertó por la mañana y vio la cara del otro hombre se echó a reír a carcajadas.

—¡Ja, ja, ja! —se carcajeó.

Al oírle, el segundo discípulo también se levantó. En cuanto vio la cara del otro hombre también se echó a reír, y ambos se morían de risa. Mientras esto sucedía, alguien trajo un espejo, lo sostuvo delante de uno de los discípulos y le dijo:

—Mira.

El discípulo le arrebató el espejo, lo sostuvo ante la cara del otro discípulo y le dijo:

—¡Mira esto!

Con eso, la risa de ambos se evaporó rápidamente. Hijos míos, así somos. Hablamos mal de los demás sin darnos cuenta de que ellos también se están riendo de nuestros errores.

Es fácil, hijos míos, encontrar defectos en los demás y reírse de ellos, pero no debemos hacerlo. En lugar de eso debemos descubrir nuestros propios defectos y errores y reírnos de ellos. Eso nos elevará.

Ahora, sobre la felicidad: hay dos formas de lograr la felicidad. Nos alegramos cuando algo bueno nos sucede a nosotros o nos regocijamos por las desgracias de los demás. El dolor también llega de dos formas: está nuestro propio dolor, y la felicidad de los demás también es un dolor para nosotros.

Un hombre de negocios envió un barco cargado de mercancía al extranjero; pero el barco se hundió. El hombre de negocios se sentía tan abrumado por el dolor que se quedó postrado en cama. Ya no comía, dormía ni hablaba. Constantemente le daba vueltas a su pérdida. Lo trataron muchos médicos y psiquiatras, pero su tristeza y su enfermedad no disminuían. Se limitaba a seguir allí tumbado. Un día su hijo entró corriendo y le dijo:

—Padre, ¿has oído las noticias? ¿Aquel hombre que siempre te retaba? El edificio de su empresa ha ardido. No queda nada. ¡Lo ha perdido todo!

En el momento en el que oyó eso, el hombre que llevaba tanto tiempo tumbado allí en silencio de repente dio un salto y se echó a reír. Dijo:

—¡Es estupendo! Siempre pensé que le podría suceder algo así por su ego. Hijo, tráeme algo de comer. Rápido.

Allí estaba alguien que no había sido capaz de comer ni de dormir hasta ese momento; y, sin embargo, de repente estaba encantado de oír que otra persona lo había perdido todo.

Hijos míos, esa es la naturaleza de nuestra felicidad. En la actualidad nuestra risa se basa en el sufrimiento de los demás. Eso no es verdadera risa. Debemos apenarnos por los demás cuando sufren y alegrarnos con ellos cuando son felices. Debemos ver a todos como parte de nuestro propio Ser. Solo cuando nuestro corazón se vuelva puro por nuestro amor y desinterés empezaremos a disfrutar de la dicha que es nuestra verdadera naturaleza. Solo entonces podremos reírnos plenamente. Hasta entonces nuestra risa será mero teatro, porque no nos hace experimentar ningún verdadero gozo.

Amad sin apego y servid sin expectativas

Queridos hijos míos: Quizá muchos de vosotros os preguntéis por qué el *ashram* tiene un hospital. ¿No se encarnó el Señor como *Dhanvantari* (el Señor de la medicina)? ¿No nos mostró que los medicamentos y el tratamiento médico son esenciales? Las escrituras dicen que tenemos que mantener el cuerpo. Si examinamos la vida de las grandes almas del pasado, podemos ver lo cierto que es esto. *Sri Ramakrishna, Swami Vivekananda, Ramana Maharshi,* todos ellos recibieron tratamiento cuando cayeron enfermos. No se sentaron inmóviles sin tratamiento afirmando: "Yo soy *Brahman* (la Realidad Absoluta) y no el cuerpo". Como la enfermedad es la naturaleza del cuerpo, es esencial recibir tratamiento y mantener el cuerpo. Solo si hay combustible puede haber fuego. Del mismo modo, para conocer el Ser hay que mantener el instrumento. La espiritualidad no es incompatible con los hospitales o el tratamiento médico. Po el contrario, esas cosas nos ayudan a mantener el cuerpo, que es el instrumento que utilizamos para conocer el Ser.

Hay muchas personas que han venido a quedarse en el *ashram* después de conocer a Amma. Han venido de la India y del extranjero. Muchos de ellos son médicos. Desean estar con Amma. Por eso Amma pensó que les daría la oportunidad de hacer *seva* (servicio desinteresado) haciendo el trabajo con el que están familiarizados; porque, ¿cuántas personas pueden meditar veinticuatro horas al día? Entonces, ¿qué harán el resto del tiempo que no estén meditando? Si se quedan sentados sin hacer nada, surgirán muchas clases de pensamientos. Eso también es una acción, y no es útil para nadie; pero, si hacen algo práctico, beneficiarán al mundo.

Algunos pueden decir que solo quieren la liberación y nada más, ni siquiera tratamiento médico que pueda ser necesario y que están dispuestos a morir de una enfermedad llegado el momento; pero también necesitan la gracia de Dios para conseguir la liberación, y para recibir esa gracia tienen que tener pureza interior. Para desarrollar esa pureza hacen falta acciones desinteresadas. Con las acciones desinteresadas es como uno se vuelve apto para recibir la gracia de Dios. Y para hacer acciones desinteresadas hay que mantener el cuerpo, tratando cualquier enfermedad.

Jnana (el conocimiento supremo) y *bhakti* (la devoción) son las dos caras de una moneda, y *karma* (la acción) es el grabado de esa moneda. El grabado es lo que le da el valor a la moneda.

Bhakti y *karma* pueden describirse como las dos alas de un pájaro, mientras que *jnana* es su cola. Solo con los tres puede el pájaro elevarse a grandes alturas.

También en los *gurukulas* de antaño los discípulos trabajaban. No pensaban en ello como *karma*. Para ellos era *guru seva*, servicio al maestro espiritual. Una acción realizada para el maestro espiritual no es una acción: es meditación. Se dice que hay que hacer *seva* con la actitud de que el *ashram* es el cuerpo del maestro. Más adelante hay que ver el mundo entero como el cuerpo del maestro y servirlo. Eso es verdadera meditación. De hecho, recordar constantemente ese principio también es meditación.

La mayoría de las personas conocen la historia del discípulo[40] que se tumbó delante del dique roto para impedir que la crecida inundase el campo de su maestro. Para el discípulo ese campo

---

[40] Una historia de la epopeya *Mahabharata*. El discípulo era *Aruni*, que, con la bendición de su maestro espiritual, se convirtió en un gran sabio.

no era un mero campo. Estaba dispuesto a entregar incluso su cuerpo para impedir la destrucción de la cosecha del maestro. Eso no puede considerarse una mera acción. El estado en el que uno se olvida totalmente de sí mismo es el estado más elevado de meditación. Antaño los discípulos hacían todo el trabajo del *gurukula*. Recogían la leña en el bosque, llevaban las vacas a pastar y hacían otras tareas. No lo consideraban un mero trabajo. Para ellos era práctica espiritual; era servicio al maestro y una forma de meditación.

Aquí vienen cientos de hijos de Amma que tienen estudios y experiencia laboral. ¿Cómo pueden ponerse a meditar todo el día en cuanto llegan aquí? Hacer algún trabajo que beneficie al mundo es mucho mejor que quedarse sentado sin ser capaz de meditar adecuadamente y dejando que la mente se contamine con más y más pensamientos. Todos pueden realizar acciones que se ajusten a sus capacidades mientras recitan un mantra. Eso los beneficiará a ellos así como al mundo. Crea pureza interior y nos acerca a la meta.

Nadie puede alcanzar la meta sin esfuerzo. El esfuerzo es indispensable tanto en la vida mundana como en la espiritual. Sin embargo, la gracia divina es la que completa el esfuerzo y le da belleza, y una actitud desinteresada es lo que capacita para recibir esa gracia.

Hijos míos, cuando realizáis servicio desinteresado por el mundo, quizá penséis: "Con todo este trabajo no tengo ni un momento para pensar en Dios. Pierdo todo el tiempo trabajando. ¿Va a ser inútil mi vida?" Pero los que realizan acciones desinteresadas no tienen que cansarse buscando a Dios en ningún lugar, porque el verdadero santuario de Dios es el corazón de la persona que hace servicio desinteresado.

Así es como han crecido todas las instituciones que hay aquí. Cuando llegaron hijos de Amma que tenían experiencia en el campo educativo, crearon escuelas. Vinieron y se nos unieron expertos en ordenadores, y crearon instituciones informáticas. Llegaron mis hijos ingenieros y se pusieron a construir los edificios que hacían falta para las instituciones. Llegaron médicos y contribuyeron a la creación de hospitales. Para ellos nada de esto es trabajo. Es práctica espiritual, meditación y *guru seva*. Hijos míos, Amma os dirá que es beneficioso simplemente estar expuestos al aliento de los que, olvidándose de sí mismos, trabajan por el bien del mundo.

Algunos seguidores del camino del *Vedanta* dicen que una acción crea nuevas tendencias, aunque se realice en beneficio del mundo; pero esas son afirmaciones de gente perezosa. En la *Gita*, el Señor *Krishna* dice: "*Arjuna*, no tengo nada que ganar en los tres mundos; sin embargo, sigo realizando acciones".

Haced vuestras acciones sin apego. Actuad sin la actitud de "yo estoy haciéndolo". Actuad en cambio con la actitud de "Dios está haciéndome hacer esto". Un trabajo así nunca puede crear esclavitud, sino conducir a la liberación. En cualquier capítulo de la *Gita* podéis ver que a lo que se da importancia es al esfuerzo humano.

Hasta los *vedantin*[41] que dicen "yo soy *Brahman*, así que, ¿por qué voy a tener que trabajar?" buscan tratamiento cuando se ponen enfermos. Piden que se les dé la comida exactamente a la una y su cama tiene que estar hecha a las diez de la noche. Si necesitan todo ese servicio, ¿por qué no se les ocurre que el mundo también necesita ayuda? Si se mantiene la opinión de que todo es idéntico al único Ser, nada puede rechazarse; hay que aceptarlo todo. Podéis medir la actitud espiritual de alguien observando su grado de desinterés.

Hay algunos que piensan que todo lo que un *sannyasi* tiene que hacer es irse al Himalaya y vivir allí. Hijos míos, el servicio

---

[41] Los que siguen el camino del *Vedanta*.

desinteresado al mundo es el comienzo de la verdadera búsqueda del Ser. También es el fin de esa búsqueda. Nuestro deber para con Dios es ser compasivos con los que sufren y pasan necesidad. Nuestro deber más elevado e importante en este mundo es ayudar a otros seres humanos. Dios no necesita nada de nosotros. El Ser Supremo está siempre completo. El sol no necesita la luz de una vela. Dios es el Protector del universo entero. Dios es la personificación del amor y la compasión. Sólo nos expandimos si nos embebemos de ese amor y esa compasión. Los *sannyasis* aprenden a amar sin ningún apego y a servir sin ninguna expectativa. Tienen que deshacerse del equipaje del egoísmo y llevar sobre sus hombros la carga del servicio al mundo.

Sólo nos volvemos aptos para recibir la gracia de Dios cuando somos capaces de amar y servir a todos los seres vivos sin ningún deseo egoísta. Meditar sin lograr la pureza interior mediante el servicio desinteresado es un despilfarro tan grande como echar leche en un recipiente sucio. Olvidamos de esta verdad. Olvidamos nuestra obligación de servir a los que pasan apuros. Visitamos el templo y realizamos el culto; pero, cuando salimos de ese lugar y nos encontramos con los que están enfermos o no pueden encontrar trabajo y nos tienden la mano pidiendo un poco de comida, los ignoramos o les gritamos, y los echamos. Hijos míos, el verdadero culto a Dios es la bondad que mostramos a los que sufren.

Así que, hijos míos, debemos ayudar a los que sufren; pero junto a nuestras actividades de servicio también debemos tratar de impartir a la gente algunos principios espirituales. Dar comida al hambriento es importante, pero no es suficiente. Aunque les llenemos el estómago, su hambre regresará de nuevo al cabo de un tiempo. También debemos explicarles los principios espirituales. Debemos hacerles comprender el objetivo de la vida y la naturaleza del mundo. Entonces aprenderán a ser felices y sentirse satisfechos en cualquier circunstancia. Solo entonces nuestro servicio será completamente fructífero.

En la actualidad todo el mundo aspira a lograr un estatus más elevado del que tiene en la vida. Nadie se molesta en pensar en la situación de los que son menos afortunados que ellos.

Amma recuerda una historia. Había un viuda pobre que trabajaba como sirvienta en la casa de un hombre rico. Su única hija estaba físicamente discapacitada. La mujer se la llevaba consigo cuando iba a trabajar. El rico también tenía una hija. La hija le tenía mucho cariño a la hija de la sirvienta. Acariciaba a la pequeña, le daba caramelos y le contaba cuentos; pero a su padre no le gustaba eso. Día tras día reñía a su hija diciéndole:

—¡No debes jugar con ella! ¿Por qué llevas a esa niña sucia y lisiada a todos lados?

Su hija no le respondía. Él pensaba que quizás jugara con la niña porque no tenía nadie más con quien jugar. Así que un día llevó a su casa a la hija de uno de sus amigos. Su hija vio a la niña, le sonrió, le habló amistosamente y después abrazó a la hija de la sirvienta y se puso a darle su cariño. Al ver esto, su padre le preguntó:

—Querida, ¿no te gusta esta niña que papá te ha traído para que juegue contigo?

Ella le respondió:

—Me gusta mucho, pero quiero decirte una cosa. Aunque no me gustara la niña que has traído, ella tendría a muchas más personas que la querrían; pero, papá, esta otra niña, si yo no la quiero, ¿quién más la va a querer? No tiene amigos.

Hijos míos, esa debe ser nuestra actitud. Debéis amar sin reservas a los pobres y a los que sufren. Tened empatía con ellos y elevadlos. Ese es nuestro deber para con Dios.

Podéis preguntaros: "Si el servicio desinteresado es tan estupendo, ¿para qué hacen falta la meditación y el *tapas*?" Hijos míos, si una persona corriente es como un poste de la luz, una persona que hace *tapas* es como un transformador. Con el *tapas* se puede lograr mucho poder. Es como generar energía construyendo una presa en un río que fluye por nueve canales; pero también debemos estar dispuestos a dedicar la energía que obtenemos con el *tapas* al bien del mundo. Debemos estar dispuestos a ofrecerlo todo, como una varita de incienso que se quema mientras difunde su fragancia por todas partes. La gracia de Dios fluye automáticamente hacia aquellos cuyos corazones tienen esa amplitud.

Hijos míos, debemos tratar de cultivar la compasión. Debemos sentir la urgencia de servir a los que sufren. Debemos estar dispuestos a trabajar por el bien del mundo en todas las situaciones.

Muchas personas meditan tan solo cerrando los ojos o tratando de abrir un tercer ojo para ir más allá de los dos ojos que ven el mundo. No tendrán éxito. Sentarse a meditar es muy importante, pero no es suficiente. No podemos cerrar nuestros ojos al mundo en nombre de la espiritualidad. Ser capaces de ver nuestro propio Ser en todos los seres vivos con los ojos abiertos: eso es el conocimiento del Ser. Tenemos que vernos a nosotros mismos en los demás y amarlos y servirlos. Así es como la práctica espiritual llega a su perfección.

Amma le habla a sus hijos durante el festival de Onam.

Tercera Parte

Con Sus manos y pies por todas partes

Con Sus manos y pies por todas partes,
con Sus ojos, cabezas y orejas en todas direcciones,
Él habita en el mundo, envolviéndolo todo.

- Bhagavad Gita -13:14

Hijos míos:
Este país solo se desarrollará y prosperará
si podemos crear personas que tengan
la fuerza y la vitalidad del Ser
y una actitud de entrega de sí.

- Sri Mata Amritanandamayi

El amor universal: la realización de la devoción

Mensaje de Amma en la celebración de Onam, en Amritapuri

La fiesta de *Onam* es un día en el que se nos recuerda al devoto que se funde con el Ser Supremo. Solo si entregamos completamente nuestra mente a Dios podremos fundirnos en sus pies.

Pero, ¿cómo entregamos nuestra mente? Entregar aquello a lo que nuestra mente está más apegada equivale a entregar la mente. A lo que nuestra mente está más fuertemente apegada actualmente es a la riqueza. No estamos dispuestos a renunciar ni a la menor cosa. Si vamos a una peregrinación espiritual, llevamos a mano algo de dinero para dar a los mendigos; pero, en la medida de lo posible, habremos reunidos monedas de uno o dos *paisas*[42]; ciertamente, nada superior a cinco *paisas*. El objetivo de dar limosna es que nuestra mente egoísta se vuelva desinteresada y, al mismo tiempo, dar a los pobres lo que necesitan; pero hasta en eso somos avaros. Somos tacaños hasta cuando hacemos una ofrenda a la deidad en el templo. La verdadera entrega a Dios no está solo en las palabras, sino en nuestras acciones. El devoto sincero es el que tiene una completa entrega a Dios. Actualmente ni siquiera tenemos derecho a pronunciar la palabra "devoto"; pero *Mahabali* era distinto. Le entregó a Dios todo lo que tenía. El resultado fue que alcanzó el estado supremo sin dilación. A menudo se dice que el Señor empujó a *Mahabali* con el pie hasta

---

[42] Un *paisa* es la centésima parte de una rupia.

el *Patala*, el infierno; pero no es cierto. El Señor hizo que el alma de *Mahabali* se fundiese con Él mismo. Y el cuerpo, que era el producto de la ignorancia, fue enviado al mundo que merecía.

Aunque *Mahabali* hubiera nacido en un linaje de asuras[43], era un devoto que tenía muchas buenas cualidades; pero también era muy orgulloso, y pensaba: "¡Yo soy el rey! Soy lo bastante rico como para regalar cualquier cosa". No se daba cuenta de que por su orgullo estaba perdiendo todo lo que debía haber conseguido. Aunque era generoso por naturaleza, su orgullo le impedía cosechar el beneficio que le correspondía por su generosidad.

El deber del Señor es eliminar el ego del devoto. El Señor acudió a *Mahabali* bajo la forma de *Vamana*, el Enano Divino[44]. Solo le pidió a *Mahabali* la cantidad de tierra que pudiera recorrer en tres pasos. *Mahabali* pensó que el Señor le pedía al rey, que tenía el poder dar un reino entero, una cantidad muy insignificante de tierra; pero en dos pasos de *Vamana Mahabali* había perdido todo lo que poseía, porque esos dos enormes pasos atravesaron todo el reino. Y con ello el ego de *Mahabali* también desapareció. "¡Qué insignificante es toda mi riqueza ante el Señor! A su lado no soy nada!" Esta humildad creció en él. "No tengo ninguna capacidad. Todos los poderes son suyos". Habiendo perdido el orgullo, *Mahabali* se postró delante del Señor. Se fundió completamente con el Espíritu Supremo. De hecho, cuando la gracia del Señor destruyó su sentido del "yo" y "lo mío", se fundió con los pies del Señor. Así que el Señor no empujó a *Mahabali* con el pie al mundo de las tinieblas, como se dice a menudo.

Al final el Señor le preguntó a *Mahabali*:

—¿Tienes algún deseo?

Mahabali le respondió:

---

43 Un demonio o una persona con cualidades demoníacas.

44 Una encarnación del Señor *Vishnu*

—Solo tengo un deseo: que todos los de este mundo, jóvenes y ancianos, puedan comer hasta hartarse, llevar ropa nueva y bailar juntos sintiéndose dichosos; que este sea un mundo de dicha y de paz.

Esa es la aspiración de un verdadero devoto. El devoto no desea el conocimiento del Ser o la liberación. Su único deseo es que todos los seres vivos de este mundo sean felices. Cuando te vuelves hacia el camino de Dios, algunas personas se quejan de que has abandonado a todos por tu propia liberación o por el cielo. "¿No es eso egoísta?", dicen. Pero el devoto solo se refugia en Dios para poder amar y servir al mundo desinteresadamente. Por eso realiza prácticas ascéticas un devoto. Su aspiración es ver un mundo donde todos encuentren la dicha recitando los nombres divinos.

Hoy es el día de la entrega total. Mientras permanezca el sentido del "yo", no es posible fundirse en el estado supremo. Nuestro egoísmo tiene que desaparecer completamente.

Amma recuerda una historia. En el antiguo reino de *Magadha* vivía un rey llamado *Jayadeva*. Tenía tres hijos. Como estaba envejeciendo, el rey decidió renunciar al trono e iniciar la vida de *vanaprastha*. Normalmente el hijo mayor heredaba el trono, pero el rey *Jayadeva* decidió darle el trono al hijo que realmente amase al pueblo desinteresadamente. Llamó a sus tres hijos y les preguntó:

—¿Habéis hecho alguna buena acción últimamente?

El hijo mayor le dijo:

—Sí, he hecho una buena acción. Un amigo me confió unas joyas para que se las guardara. Cuando me las pidió más tarde, se las devolví todas.

—¿Y qué? —dijo el rey.

—Podría haber robado unas cuantas joyas de la colección —dijo el príncipe.

—Y entonces, ¿por qué no las robaste?

—Si hubiese robado algo, me hubiera remordido la conciencia por haber hecho algo así y eso me habría causado dolor.

—Entonces, te abstuviste de robar para evitar el dolor —dijo el rey.

Llamó al segundo príncipe y le preguntó:

—¿Has realizado alguna buena acción?

—Sí. Estaba de viaje cuando vi que un niño estaba siendo arrastrado por la rápida corriente de un río. Estaba a punto de ahogarse y el río estaba lleno de cocodrilos. Aunque había mucha gente alrededor, nadie se lanzaba a salvarle porque tenían miedo de los cocodrilos; pero yo me tiré al río y salvé al chico.

—¿Por qué estabas dispuesto a sacrificar tu propia vida para salvarle? —le preguntó el rey.

—Si no lo hubiera hecho, la gente hubiera dicho que salí corriendo de allí por miedo, pese a ser el hijo del rey. Habrían dicho que era un cobarde.

—Entonces lo salvaste para ganarte los elogios de la gente y por tu buena fama —dijo el rey.

Llamó a su tercer hijo y le preguntó:

—¿Has hecho alguna buena acción?

—No soy consciente de haber hecho ninguna buena acción —dijo el príncipe más joven.

El rey se quedó preocupado al oír eso. Sin creerse la respuesta de su hijo, llamó a sus súbditos y les preguntó:

—¿Sabéis de alguna buena acción que haya hecho mi hijo más pequeño?

Todos le dijeron:

—Siempre se interesa por nuestra comodidad y felicidad. Nos da dinero cuando lo necesitamos y nos ayuda. Cuando pasamos hambre, nos envía comida. Construye casas para los que no tienen hogar. Las buenas acciones que ha hecho son innumerables;

pero nos ha ordenado expresamente que no le hablemos a nadie de sus acciones.

El rey *Jayadeva* se dio cuenta de que su hijo menor era el mejor de sus hijos y le dio el trono.

Hijos míos, hagáis lo que hagáis, la actitud de "yo estoy haciendo esto" no debe estar presente. No hagáis cosas solo por impresionar a los demás. Ved cada acción como una forma de adorar a Dios. Solo podemos actuar por el poder de Dios. El pozo dice: "La gente bebe de mi agua y gracias a mi pueden bañarse y lavar"; pero el pozo no tiene en cuenta de dónde viene el agua.

Hijos míos, solo somos instrumentos. Todo se debe al poder de Dios. No lo olvidéis. Entregaos completamente a Dios mientras avanzáis en la vida. Dios os protegerá.

Hijos míos, hay que dirigir nuestro amor y nuestro apego hacia el Ser Supremo. Todos aquellos a quienes ahora llamamos nuestros, nuestros parientes y amigos, seguro que nos abandonarían a poco que cambiasen circunstancias. El Ser Supremo es nuestro verdadero pariente. Solo el Ser Supremo es eterno. Debemos ser conscientes de esto todo el tiempo. Entonces no tendremos que sufrir.

"¡Oh, Madre, si yo sujeto tu mano puedo soltarla y salir corriendo detrás de cualquier juguete que vea. A veces puedo caer en los hoyos que son las dichas y las penas de este mundo; pero si Tú sujetas mi mano, eso no sucederá, porque Tú estás siempre conmigo. Estoy a salvo en tus manos". Rezad así, hijos míos. Tened cuidado de no dejar de pensar en Dios. Entregaos completamente a Él. Entonces indudablemente seréis capaces de alcanzar el estado supremo.

La compasión: el corazón de la espiritualidad

Discurso de bendición de Amma con motivo de la colocación de la primera piedra del Amrita Kripa Sagar, el hospicio de Mumbai para pacientes terminales de cáncer que la organización de Amma, el M.A. Math, inauguró en 1995

Hijos míos, lo que hace falta no son discursos, sino acción. Amma ya ha viajado por la mayor parte de las regiones del mundo. Ha tenido ocasión de encontrarse con cientos de miles de personas y ha presenciado el dolor que han sentido. Por eso Amma decidió crear esto.

El amor es lo que más falta en el mundo actual. Muchas parejas vienen a Amma para el *darshan*. La esposa dice:

—Amma, mi marido no me quiere.

Si Amma le pregunta al marido:

—Hijo, ¿por qué no la quieres?

La respuesta normalmente es:

—¡Pero yo sí que la quiero! Lo que pasa es que no lo demuestro, eso es todo.

Hijos míos, eso no basta. ¿De qué sirve la miel si está encerrada en una piedra? ¿De qué sirve darle hielo a alguien que se está muriendo de sed? Cuando decís "la amo en mi interior" es lo mismo. Tenéis que expresar claramente vuestro amor, hijos míos.

Sin el pasaporte del amor no podemos lograr el visado que hace falta para la liberación. Las escrituras dicen que debemos

Amrita Kripa Sagar,
el hospicio para los enfermos terminales de cáncer en Mumbai.

desear que el mundo reciba de nosotros lo que nosotros deseamos recibir del mundo. Queremos que los demás nos den alegría y, por tanto, nunca debemos darles sufrimiento a los demás. Cristo dice que hay que amar al prójimo como a uno mismo. El Corán dice que si el burro de tu enemigo está enfermo, debes atenderlo. Pero actualmente nuestra forma de pensar es diferente. La vida ha cambiado totalmente. Ya no hay compasión. Nos alegramos si la tienda de al lado no vende o si los vecinos son infelices. Y, si son felices, nosotros nos sentimos infelices. Esa es la compasión que sentimos por los demás.

Hijos míos, si tenéis verdadero amor, eso en sí es la Verdad. El amor verdadero es Dios. Es el *dharma*. Es la dicha.

Cuando hay amor verdadero no se puede mentir, porque solo hay lugar para la Verdad. No hacemos daño a aquellos a los que amamos de verdad. En ese estado cesa toda la violencia. Donde hay amor verdadero desaparecen todas las dualidades. En un campo inundado, los diques constituyen los límites. Si se retiran esos diques solo queda una masa de agua. En el amor todas las distinciones desaparecen automáticamente. El amor lo contiene todo.

Algunos pueden interpretar el amor de forma diferente, y eso está bien. El hombre que va al campo a buscar comida para sus vacas ve allí hierba, mientras que el herbolario ve en el mismo campo plantas medicinales. Las personas tienen naturalezas distintas y las cosas pueden interpretarse de forma diferente. Pero este es el camino de Amma.

El río caudaloso no necesita agua. Al contrario: nosotros necesitamos el agua pura del río para limpiar nuestra cloaca. Dios no quiere nada de nosotros. A nuestro alrededor hay muchas personas sufriendo. Consolémoslas. Démosles la ayuda que necesitan. Eso es verdadero amor a Dios. Ese es el verdadero principio espiritual.

Muchos de los hijos de Amma han venido a ella llorando amargamente. Un día ella le preguntó a un chico que lloraba:

—¿Qué ha pasado, hijo?

Él dijo:

—Mi madre tiene cáncer y ayer estuvo gritando ocho horas porque le dolía mucho y no podíamos permitirnos comprarle analgésicos.

Imaginaos a esa mujer teniendo que gritar durante ocho horas porque su familia no tenía las diez o veinte rupias que costarían los analgésicos. Amma conoce a innumerables personas así. Amma decidió ese mismo día que haría algo para ayudar a esas personas. Y por eso se está construyendo este hospicio.

Al pensar en el dolor de esas personas, algo más viene a la mente. Cuando un hombre o una mujer está gritando en un piso porque siente un dolor insoportable, a menudo veréis que la gente del piso de al lado está completamente borracha y destrozándolo todo. Si sintieran un poco de compasión por los que gritan de dolor, su egoísmo desaparecería.

Los que sean compasivos experimentarán la compasión de Dios, que es el Principio Supremo, y se deleitarán en la dicha de su propio Ser. Los héroes son los que encuentran el gozo dentro de sí mismos. Eso es una señal de valor. Aquellos cuya alegría depende de otros objetos no son valientes. Son débiles.

Los médicos dejan de tratar a un paciente de cáncer cuando no hay nada más que hacer por él. Al darse cuenta de que los médicos ya no pueden ayudarles, la familia del paciente empieza a odiar a los médicos y abandona a la persona que se está muriendo. Al perder todo apoyo, la persona yace muriendo lentamente, esperando la muerte en cualquier momento, soportando el dolor físico así como la angustia mental causada por el rechazo de la familia. Podemos ver gente así en las calles de *Mumbai*.

Todos queremos tener ocasiones de hacer práctica espiritual y servicio desinteresado. Ayudemos y consolemos entonces a los que viven con dolor y hablémosles también de los valores espirituales. Esa es la esperanza de Amma. Muchas personas que están enfermas han perdido toda esperanza. La ayuda que les damos es verdadero servicio.

Hijos míos, la oración no es sólo recitar un mantra. Una palabra amable, una cara sonriente, compasión... todo esto forma parte de la oración. Sin bondad, aunque hagamos mucho *tapas* será como verter leche en un recipiente sucio.

Algunos preguntan: "¿Qué es más importante, la práctica espiritual o la acción? El verdadero *tapas* es mantener el equilibrio, tanto del cuerpo como de la mente, en todas las circunstancias. Algunas personas son buenas realizando prácticas espirituales, pero su ira se desata al menor motivo. Cuando eso sucede, no tienen la menor idea de lo que están diciendo o haciendo. Hay otros que realizan acciones con gran sinceridad y entusiasmo, pero se derrumban cuando hacen frente a problemas insignificantes, perdiendo totalmente el control sobre la mente. Así que no basta con centrarnos solo en una de ellas, la práctica espiritual o la acción. Necesitamos ambas. Una persona normal es como una vela; pero haciendo *tapas* puede brillar como el sol. Sin embargo, a ojos de Amma el verdadero *tapasvi* es el que también dedica su *tapas* al mundo.

Que esta iniciativa reciba las bendiciones de todos vosotros. Esa es la oración de Amma.

La verdadera riqueza es el amor

Mensaje de Amma en Onam, 1995

Hijos míos: Este es el día de la unidad y la dedicación mutua. Solo así podemos lograr la verdadera felicidad. Hoy es el día adecuado para saborear la verdadera dicha. Por eso se solía decir: "Festeja en *Onam* aunque tengas que vender tu tierra". Hay un gran principio tras ello. Estamos interesados en acumular todo lo que nos encontramos en la vida. Acumulamos hasta el punto de dejar de comer y dormir para acumular más. Competimos unos con otros, con poco amor por la familia o los amigos. Solo pensamos en el trabajo y el dinero. Pero nada de lo que acumulemos podrá venir con nosotros al final. Si miramos a los que llevan vidas egoístas, podemos ver que en realidad viven en el infierno, y el infierno es adonde llegan también después de la muerte. Hijos míos, lo único que está por encima de todo lo demás y dura para siempre no tiene nada que ver con la riqueza, el poder, el título o la posición. Es el amor.

Una pareja casada mantenía una conversación. El marido dijo:

—Voy a abrir un gran negocio. Vamos a ser muy ricos.

La esposa dijo:

—Pero, ¿no somos ricos ahora?

—¿Qué quieres decir? Apenas tenemos para cubrir nuestras necesidades.

—Querido mío, ¿no estás tú aquí conmigo y yo contigo? Entonces, ¿qué es lo que nos falta?

Oyendo sus amorosas palabras, el marido derramó lágrimas de amor y la abrazó. Hijos míos, el amor es la verdadera riqueza. El amor es la verdadera vida.

Actualmente las personas, por muy ricas que sean, viven en un infierno, porque no hay amor mutuo. Solo el egoísmo florece entre ellas. Eso no significa que no debamos tratar de adquirir riqueza o que la riqueza no sea necesaria; pero debemos comprender que nada estará con nosotros para siempre, que nada nos acompañará. Si entendemos esto, no rebosaremos de alegría cuando adquiramos riqueza ni nos hundiremos en un dolor permanente cuando la perdamos. Aunque perdamos nuestra riqueza mundana, esa riqueza interminable que es el amor sobrevivirá, dando paz y armonía a nuestras vidas.

Al pensar en *Onam* muchos expresan la opinión de que con *Mahabali* se cometió una injusticia. "¿No hizo bajar el Señor con el pie a *Mahabali* al infierno, aunque *Mahabali* se lo había entregado todo?", preguntan. Es cierto que *Mahabali* había entregado todo lo material; pero en todas las acciones que realizaba tenía la actitud de "yo estoy haciendo esto". No la soltaba. Ese "yo" era el regalo que el Señor le estaba pidiendo. El deber de Dios es proteger a sus devotos. A menudo se dice que el ego reside en la cabeza. Cuando inclinamos la cabeza ante alguien, perdemos el ego. Esa actitud no le llega con facilidad a nadie. Al inclinarse delante del Señor, *Mahabali* estaba en realidad abandonando su conciencia corporal y entrando en el mundo del Ser. Ese es el ideal que hay que aprender de esa historia.

Un hombre rico deseaba hacerse *sannyasi*. Se deshizo de toda su riqueza. Construyó una pequeña cabaña en la cima de una montaña y se trasladó a ella. Al oír que un nuevo *sannyasi* vivía en la montaña, muchas personas fueron a verle. Y todo lo que él les decía era:

—¿Sabéis quién soy yo? ¿Sabéis cuánta riqueza tenía? Todo lo que veis allí era mío. Se lo di a distintas personas.

Lo dio todo y se fue; pero nada de ello se fue de su mente.

Eso fue también lo que le sucedió a *Mahabali*; pero el deber del Señor es salvar al devoto. Lo que se interponía en el avance hacia la meta de ese devoto generoso y tolerante era su sentido del "yo", su ego. La humildad y conseguir la gracia de los mahatmas (grandes almas) son indispensables para erradicar el ego.

Hijos míos, escojáis la historia que escojáis, el mensaje básico solo es el amor. Amaos los unos a los otros. Amaos con el corazón abierto. Amaos sin ninguna expectativa. Entonces no hará falta ir a ningún lugar buscando un verdadero cielo.

La práctica espiritual del amor

Había un *ashram* en el que un maestro espiritual vivía con sus discípulos. Cuando el maestro dejó el cuerpo, los discípulos vivieron juntos en armonía durante un tiempo. Poco a poco, sin embargo, sus prácticas espirituales fueron decayendo. Dejaron de meditar y de recitar los mantras. Crecieron la envidia y el rencor mutuos. El objetivo de todos era obtener posición social y estatus. Hasta el propio ambiente del *ashram* cambió. Cada vez visitaba el *ashram* menos gente. Allí solo había silencio. La gente se vuelve loca cuando se enamora del poder y el prestigio. Entonces ya no hay normas sobre lo que se debe o no se debe hacer. Pero uno de los discípulos estaba muy triste por la situación del *ashram*. Visitó a un anciano santo que vivía cerca y le explicó la situación. Le contó cómo el *ashram*, que cientos de personas visitaban a diario y donde siempre había habido un ambiente alegre, ahora era como un cementerio.

El santo le escuchó y dijo:

—Entre vosotros hay un santo, pero esconde su verdadero estado. Si seguís sus palabras, vuestro *ashram* se elevará incluso a mayores alturas que antes, y su fama se extenderá.

El discípulo preguntó:

—¿Quién es?

Pero el santo ya había entrado en *samadhi*[45].

El discípulo regresó al *ashram* con la noticia y reflexionó profundamente sobre lo que le habían dicho.

—¿Quién de nosotros es el santo? —le dijo a otro discípulo—. ¿Será el cocinero? Probablemente no. Ni siquiera sabe cocinar como es debido. Por su culpa hace mucho tiempo que no disfrutamos de nada de lo que comemos. ¿Cómo va a ser un santo? ¿Podría ser el jardinero? No, no pone atención en nada. Es muy impulsivo. ¿Y qué hay del hombre que se ocupa de las vacas? No es probable. Tiene un genio terrible.

Siguió pensando así sobre todos. El otro discípulo dijo:

—¿Por qué criticar sus acciones? No se puede juzgar a los santos por sus acciones. Sus acciones están pensadas para nuestro bienestar futuro. Tenemos que ser humildes con ellos para beneficiarnos de su presencia, ¿no? Así que no debemos buscarles defectos. Hagamos una cosa: Seamos humildes con todos los del *ashram*. Tratemos de amar a los demás sin buscarles defectos. Observemos la disciplina del *ashram* como solíamos hacerlo.

Así que ambos intentaron amar a todos y se comportaron educada y humildemente. Cuando los demás vieron eso, también empezaron a comportarse de esa manera. Todos empezaron a sentirse felices y el *ashram* recuperó su antiguo ambiente festivo. Se convirtió en un lugar aún más propicio que antes, y todos los residentes del *ashram* se volvieron aptos para el conocimiento del Ser.

Hijos míos, el amor es la base de todo. La compasión por los demás es lo mismo que entregarse a Dios.

---

[45] Un estado interior de perfecta unidad con el Espíritu Supremo, la Realidad Absoluta, en el que quien experimenta, la experiencia y lo experimentado son uno.

Hijos míos, Dios está dentro de nosotros; pero en la actualidad esa presencia interior solo existe de forma latente. Para que esa semilla germine hace falta el agua de la compasión. Con el líquido del egoísmo sólo se echará a perder, eso es seguro. Solo hacer algo por los demás, y no por uno mismo, puede llamarse compasión. Solo en el agua de ese manantial puede crecer la semilla.

No basta con meditar, hijos míos. La compasión también es esencial. La ropa puede lavarse con jabón; pero para quitar las manchas hace falta algo más fuerte. Del mismo modo, necesitamos la compasión junto a la meditación. Debemos tener en el corazón el amor y la empatía necesarios para ayudar a los que sufren. Eso es verdadero servicio. La gracia de Dios solo fluirá hacia un corazón que tenga esta compasión.

La práctica espiritual interior

Amma siempre dice que la meditación es tan valiosa como el oro. La meditación es ideal tanto para el progreso espiritual como material. La moneda de un país concreto solo se acepta dentro de ese país; no tiene valor en ningún otro país. Hasta dentro de su propio país un billete no tendrá ningún valor si le falta el número de serie. Pero una moneda de oro es diferente. Aunque le falte el grabado, seguirá teniendo valor en cualquier país. Así es la meditación. El tiempo que se dedica a la meditación nunca puede ser tiempo perdido. Pensad lo valioso que sería el oro si también tuviera una fragancia maravillosa. Cuando meditamos y además también tenemos compasión es algo parecido. Entonces desaparecen todos los obstáculos que interrumpen el flujo de la gracia de Dios hacia nosotros.

Muchas personas vienen aquí y se quejan: "¡Esa persona me ha maldecido! Me ha hecho alguna brujería", etcétera. No creáis en nada de eso, hijos míos. Lo que experimentamos ahora son los frutos de nuestras acciones anteriores. Es inútil echarle a nadie la culpa. La vida está llena tanto de felicidad como de tristeza. Para equilibrarla y avanzar tenemos que comprender la espiritualidad. El llamado destino es el fruto de nuestras acciones pasadas, y eso significa que nuestras acciones tienen una gran importancia. Por eso, en lugar de malgastar el dinero en brujería y cosas así, tratad de rezar con concentración y dad ayuda a los que lo merecen. Esas buenas acciones ciertamente traerán los resultados deseados.

Solo los que han hecho *tapas* intenso pueden emplear el poder de los mantras. Esas personas podrían realmente hacernos daño con determinados mantras. Igual que hay mantras buenos, también hay mantras malignos. Pero, ¿quién es capaz de adquirir esos poderes haciendo *tapas* actualmente? Así que no hace falta tener miedo de esas cosas. Dependiendo del momento de nuestro nacimiento, en algunas etapas de la vida tenemos que experimentar sufrimiento. Cuando hace mucho calor no podemos hacer nada con concentración. Un borracho no sabe lo que dice y otros podrían pegarle por sus palabras. Igualmente, hay periodos difíciles en la vida que dependen del momento del nacimiento. Atribuimos esos periodos a los efectos de Marte, Saturno, *Rahu*, etcétera. La pérdida de riqueza, los accidentes, las peleas, las enfermedades, el sufrimiento de la familia y los amigos, los obstáculos en general, que se nos culpe de errores que no hemos cometido... todo eso puede suceder en esas etapas. Esos acontecimientos no son el resultado de la brujería o la magia negra de alguien. Con el dinero que gastáis en esas cosas podríais saldar vuestras deudas.

Durante esos periodos de nuestras vidas no debemos ser perezosos. Debemos tratar de meditar en Dios con concentración. Debemos hacer el *sahasranama archana* todos los días sin falta y recitar mantras constantemente. De esa forma podemos reducir muchísimo la intensidad del sufrimiento. El noventa por ciento de las dificultades que experimentamos pueden eliminarse con nuestros esfuerzos.

Hijos míos, hay algo más que tenéis que recordar. Nunca debemos hacer nada que pueda causar ningún dolor a los demás, porque eso hace mucho daño. Podemos estar hiriendo a alguien que no ha hecho nada malo. Cuando la persona grite con el corazón roto: "¡Oh, Dios, no sé nada de eso, pero están diciendo todas estas cosas!", esa angustia nos afectará sutilmente y nos perjudicará más adelante. Por eso se dice que no debemos hacer daño a los demás en pensamiento, palabra u obra. Esa actitud nos traerá la gracia divina.

Se anuncian ofertas laborales, se realizan exámenes y entrevistas. Vemos que los empleos se dan a los que no hicieron demasiado bien los exámenes o las entrevistas. Si las cosas sucedieran según nuestra voluntad, ¿no deberían conseguir el trabajo los que hubieran dado las mejores respuestas? Pero eso no siempre es así. Así que la base de todo es la voluntad de Dios. Entreguémonos, por tanto, a la voluntad de Dios. Los que no lo hicieron tan bien lograron los empleos porque quien realizaba la entrevista sintió por ellos una cierta compasión que no sintió por los demás candidatos. Esa compasión surgió de las buenas acciones anteriores del candidato. Eso es la gracia de Dios. Si perdemos una oportunidad, no debemos lamentarnos. Al contrario: debemos realizar buenas acciones para poder recibir la gracia divina. Necesitamos la compasión de los demás, que surge de la gracia de Dios; y para recibirla tenemos que realizar buenas acciones.

Sembramos las semillas y ponemos los fertilizantes, cavamos pozos y bombeamos agua en verano para regar, y quitamos las malas hierbas regularmente. Pero justo cuando llega el tiempo de la cosecha, se produce una inundación y se pierde toda la cosecha. Vemos sucesos así repitiéndose una y otra vez. Por eso, aunque hacemos todos los esfuerzos posibles, nada da fruto porque falta la gracia divina.

El esfuerzo y la gracia están interrelacionados. Solo nos volvemos aptos para recibir la gracia de Dios cuando hacemos buenas acciones. Por eso, hijos míos, dejad espacio en vuestra mente solo para buenos pensamientos, porque los pensamientos determinan la naturaleza de las acciones. Pidámosle a Dios que en nosotros siempre surjan buenos pensamientos, y que vayan seguidos de buenas acciones.

Om Namah Shivaya.

El servicio desinteresado es la Verdad No dual

El discurso de bendición que Amma dio en 1995 en la inauguración del Amrita Kripa Sagar, el hospicio para enfermos terminales de cáncer en Mumbai.

Saludos a todos vosotros, que sois la personificación del amor.

Al ver este hospital que se inaugura, algunos de los hijos de Amma pueden preguntar: "¿Qué papel desempeña el servicio en la vida de *sannyasa*, la vida de renuncia?" Hijos míos, la verdad es que la compasión por los pobres es nuestro deber para con Dios.

El sol no necesita la luz de una vela. El sol da luz al mundo entero. El río no tiene que vagar buscando agua para saciar su sed. Somos nosotros los que necesitamos el agua del río para saciar nuestra sed. Del mismo modo, si queremos disfrutar de paz y armonía en la vida necesitamos la gracia de Dios. Tenemos que aceptar el amor y la compasión de Dios y después compartirlos con los demás. Solo de esa forma nuestra vida se llenará de luz.

Vamos al templo a rendir culto, y a la salida, chistándole, echamos al indigente que está en la puerta gritando: "¡Tengo mucha hambre!" Hijos míos, ese no es un comportamiento apropiado para devotos de Dios. No olvidéis que la compasión por los necesitados es nuestro deber para con Dios.

Un *sannyasi* vagaba por todas partes buscando a Dios. Fue a los bosques, las montañas, los templos y las iglesias; pero no lograba ver a Dios en ningún lugar. Al final llegó a un lugar desierto y estaba muy cansado. Era una zona muy arbolada, y se quedó allí unos días.

Y allí fue donde veía pasar caminando a una pareja casada todos los días, cada uno llevando un recipiente. En la zona no veía a nadie más. Sentía curiosidad y quería saber adónde iban. De modo que un día los siguió en secreto y descubrió lo que estaban haciendo. La pareja visitaba una colonia de leprosos. El cuerpo de los leprosos estaba cubierto de heridas provocadas por esa terrible enfermedad. Esas personas no tenían a nadie que los ayudara y sobrevivían solo con la comida que de vez en cuando recibían como limosna. Algunos de ellos se retorcían de dolor. La pareja iba donde estaban y hablaban con ellos cariñosamente. Les limpiaban las heridas y les suministraban medicinas con gran compasión. Con sus propias manos la pareja les daban de comer lo que habían traído. Les explicaban a los enfermos muchas cosas positivas. Los arropaban con sábanas limpias. La cara de esa pobre gente enferma se iluminaba cuando veían a la pareja. El amor con el que la pareja los cuidaba era tal que durante esas visitas los leprosos olvidaban todas sus penas.

El *sannyasi* se acercó a la pareja y les pidió que le contaran su historia. Ahorraban parte de su salario y usaban ese dinero para hacer ese servicio.

Esa era la primera vez en su vida que el *sannyasi* experimentaba algo así. Tras presenciar las acciones de esa pareja, gritó en voz alta:

—¡Hoy he visto a Dios!

Y se sintió tan feliz que se puso a bailar. Los que le oyeron se quedaron sorprendidos:

—¿Ha perdido la cabeza? ¡Dice que ha visto a Dios! ¿Dónde está ese Dios? ¿Es Dios aquel leproso?

La gente se le acercó y le preguntó:

—Dices que has visto a Dios. ¿Quién es Dios?

El respondió:

196

—Sabéis, Dios se encuentra donde hay compasión. Dios reside en el corazón compasivo. El verdadero Dios es la persona que tiene ese corazón.

Amma recuerda otra historia. Había una mujer que estaba constantemente dedicada a servir a los necesitados; pero tenía una duda. Rezaba:

—Querido Dios, por todo este trabajo no puedo acordarme de Ti o comunicarme contigo ni un momento. Entonces, ¿tengo un lugar cerca de Ti?

Tenía los ojos llenos de lágrimas de tristeza. De repente oyó la voz de Dios:

—Hija mía, aunque te parezca que no tienes un lugar cerca de mí, siempre estoy a tu lado.

Hijos míos, indudablemente Dios está presente donde hay servicio desinteresado. Algunos van por ahí hablando de *advaita* (no dualidad) diciendo: "¿No es todo el Ser? Entonces, ¿a quien se puede amar?" La respuesta para ellos es que el *advaita* no es algo que se exprese con palabras. El *advaita* es vida. Ver y amar a todos como a tu propio Ser: ese es el verdadero *advaita*. Entonces ya no nos identificamos con nuestro Ser individual, vemos que nosotros y el universo no somos dos, sino uno. Eso es la no dualidad. Es la verdadera vida.

Donde hay acción desinteresada, ahí se encuentra el cielo. Os podéis preguntar: "¿No basta con hacer servicio desinteresado? ¿Son necesarias la meditación y la repetición de un mantra?" Si una persona común es como un poste de la luz, un *tapasvi* (una persona que hace prácticas ascéticas) puede acumular tanta fuerza que se vuelve como un gran transformador. Al hacer prácticas espirituales, concentrando la mente en un punto en lugar de pensar en cosas irreales, podemos ver que nuestra fuerza realmente aumenta. Entonces no tenemos que buscar en ningún lugar la fuerza necesaria para hacer servicio desinteresado.

Debemos tratar de cultivar una mente que sea como una varita de incienso, que se quema mientras perfuma el mundo. Dios solo difunde su luz sobre una mente así. Solo allí fluye la gracia de Dios. Debemos asegurarnos de que la práctica espiritual vaya acompañada de servicio desinteresado. Eso es como echar leche en un recipiente limpio. Por el contrario, la práctica espiritual sin servicio desinteresado es como echar leche en un recipiente sucio. Hijos míos, no penséis que podemos sentarnos perezosamente y dejar que otros nos sirvan.

Un hombre vio un zorro con una pata rota que yacía junto a la carretera. Sintió pena por el zorro y pensó: "¿Quién va a traerle comida a este animal herido? ¿Por qué hace Dios cosas como esta tan irreflexivamente?" Siguió echándole la culpa a Dios, y después pensó: "De acuerdo, veamos si alguien viene y da de comer a este pobre animal". Se fue a poca distancia y se sentó. Un poco más tarde apareció un leopardo con un trozo de carne en la boca. Se comió una parte y dejó el resto al lado del zorro. "¿Pero traerá el leopardo de nuevo comida mañana?", se preguntó el hombre. Al día siguiente regresó y se quedó allí esperando. También ese día el leopardo le llevó comida al zorro. Se convirtió en algo diario. El hombre pensó: "El leopardo le está trayendo comida al zorro. De ahora en adelante no voy a trabajar porque seguro que alguien también me traerá comida a mi". Se fue a otro lugar y se sentó. Pasó un día entero. Después otro. No le daban nada. Al tercer día estaba muy débil. Llegó hasta el punto de perder la fe en Dios, cuando oyó una voz que le decía:

—Hijo, no seas como el zorro de la pata rota. Sé como el leopardo que le trae la comida.

Hijos míos, a menudo pensamos: "Que esa gente de allí ayude al mundo" o "que otros se ocupen de los que sufren"; pero, hijos míos, sentarse ociosamente sin hacer ningún trabajo es una ofensa a Dios. Dios nos ha dado salud para que podamos prestar servicio a los demás mientras Le recordamos a Él. Debemos cultivar una mente que esté dispuesta a ayudar a los que están pasando apuros. Siempre debemos estar dispuestos a servir de acuerdo a la situación. Mis queridos hijos, ese es el modo más fácil de lograr la visión de Dios. Dios está siempre dentro de nosotros. No tenemos que vagar por ahí buscando a Dios; pero solo cuando se despierta en nosotros una inteligencia que discierne puede la voluntad de Dios trabajar a través de nosotros. Solo entonces podremos experimentar un poco de su presencia.

Hijos míos, hasta ahora hemos adorado a un Dios invisible; ¡pero ahora Dios ha aparecido justo delante de nosotros! A todo nuestro alrededor hay personas que son pobres y están sufriendo. Ellas son el verdadero Dios. Amándolas y sirviéndolas, al que servimos y amamos es a Dios.

El principal sentimiento de los que vienen a este hospicio es el temor a la muerte. Los pacientes que vienen aquí son aquellos en los que todos los tratamientos han fracasado y que han perdido toda esperanza en la vida. Sus almas tiemblan de dolor y temor a la muerte. Para aliviarlos debemos explicarles la verdad esencial de la vida. Tienen que entender que la corriente eléctrica no se detiene si la bombilla se rompe. Entonces podrán dejar este mundo con una sonrisa en el rostro y paz en el corazón. Hoy se nos da la oportunidad de hacer este servicio. Pidámosle al Todopoderoso que todos alcancen la paz.

Entrada principal al hospital AIMS en Cochin, Kerala

Tended la mano a los que fracasan

Discurso de bendición de Amma en la inauguración del Instituto Amrita de Ciencias Médicas (AIMS, en Kochi, Kerala), en mayo de 1998

Os saludo a todos vosotros, que sois verdaderamente la personificación del amor y del Ser Supremo. Amma no conoce ningún estilo especial de hablar o aconsejar. Sin embargo, tratará de decir algo. Si hay algún error, perdonadla, por favor.

Hijos míos, la vida no es solo para los que tienen éxito, sino también para los que fracasan. Vemos que una gran parte de las personas corrientes solo piensan y hablan de sus logros. Sin embargo, para que el éxito dure, también tenemos que pensar en nuestros fracasos y prestarles atención.

Una persona que tiene éxito en algo normalmente piensa que se debe completamente a su esfuerzo personal y trata de convencer a los demás de ello. Por el contrario, cuando se fracasa siempre es culpa de otro. La gente suele decir: "No hicieron lo que les dije. Si lo hubieran hecho, ciertamente habríamos tenido éxito". Dicen esto por su actitud incorrecta ante el fracaso.

Cuando se dice que alguien ha fracasado significa que lo ha intentado y se ha atrevido a arriesgarse. Solo quienes lo intentan pueden fracasar. En toda acción hay un riesgo; por ejemplo: escalar una montaña, los primeros pasos de un bebé, pescar en el mar, estudiar para un examen y aprender a conducir. Hace falta espíritu de aventura para todo. Sea cual sea la acción que emprendamos, el éxito y el fracaso nos seguirán como una sombra. A veces tenemos éxito y otras veces fracasamos. No hay que temer el fracaso. El miedo al fracaso no nos dejará tener éxito en el futuro; no seremos capaces de lograr nada. Por eso debemos alentar a los que fracasan. Hay que animarlos a intentarlo y enseñarles a no tener miedo. En los deportes se dan premios de consuelo a los jugadores, hasta cuando pierden. Se les anima. Siempre es bueno animar a la gente.

Debemos entender que la vida no es solo para los ganadores, sino también para los que pierden, y debemos estar dispuestos a darles una oportunidad a los que han fracasado. Debemos perdonarles sus errores. Ser pacientes y comprensivos es como lubricar un motor. Nos ayuda a avanzar. Rechazar a los que han fracasado solo una vez es hacerles el mayor daño. Por eso se dice que no solo los ganadores sino también los perdedores deberían recibir un premio en las competiciones. No hay que ridiculizar a los perdedores; hay que animarles. El recibir ánimo es esencial para mantener el entusiasmo.

Actualmente solo a los ganadores se les da un lugar en la vida. A los que fracasan se les suele ridiculizar. Amma opina que si solo deseamos el éxito en la vida, ese en sí mismo es el mayor fracaso.

La vida es para los aventureros, no para los derrotistas. La espiritualidad enseña este principio. Solo si vivimos según ese principio podremos crear una nueva generación que viva de acuerdo con él. Perdonar ahora es forjar más adelante. Eso eleva a los que perdonan, así como a los que reciben el perdón.

Hijos míos, quizá os preguntéis: "¿No nos estaremos convirtiendo en felpudos? ¿No perdemos nuestro sentido del discernimiento si siempre perdonamos, etc.?" Al contrario. Eso permite avanzar a ambas partes. Solo en los que entienden este principio puede formarse una verdadera actitud de servicio desinteresado. El verdadero servicio desinteresado se hace con espíritu de entrega. Es parecido a un círculo: no tiene ni comienzo ni fin, porque es amor solo por el amor. Con esa actitud no hay expectativas. En ese estado vemos a todos los que están trabajando junto a nosotros como regalos de Dios. Eso solo puede suceder cuando el amor está presente, y sólo entonces podemos perdonar a los demás y olvidar sus errores.

Sabemos cómo era nuestro antepasado *Sri Rama*. Hasta con su madrastra Kaikeyi, que fue la responsable de su destierro de catorce años en el bosque, su respuesta fue postrarse ante ella y pedirle sus bendiciones antes de marcharse. El Señor *Krishna* le dio la liberación al cazador cuya flecha fue la que le hizo dejar el cuerpo. El Señor perdonó al hombre por su ignorancia. Así era también Jesucristo. Sabía que Judas le traicionaría, pero no dudó en lavarle los pies y besárselos.

Esos son ejemplos de nuestros antepasados. Si los utilizamos como modelos, ciertamente experimentaremos paz en nuestra vida.

El camino para el progreso de la nación

Muchos preguntan: "¿Cómo puedo dedicar mi vida al bien del mundo y el progreso de nuestra nación?" Este país solo se desarrollará y crecerá si podemos crear individuos fuertes, enérgicos y totalmente entregados. De hecho, eso es lo que hizo *Krishna*. Le dio a *Arjuna*, el gran guerrero arquero, la fuerza, la vitalidad y la eficacia necesarias para combatir la maldad, la mentira y el engaño. Transformó la propia actitud de *Arjuna* ante la vida. Como estaba dispuesto a seguir las palabras del Señor, *Arjuna* no tuvo que echarles la culpa a las circunstancias que tenía que afrontar. Y tampoco huyó de ellas. Al contrario: luchó incansablemente y siguió avanzando.

El Señor Buda también logró lo mismo. Creó muchos budas. Cristo hizo lo mismo. Esas grandes almas crearon benefactores del mundo cuando estuvieron sobre la tierra y siguen haciéndolo aunque hayan dejado este mundo.

El mayor regalo que podemos ofrecer a la nación es la creación de una generación futura así. El crecimiento o la decadencia de la nación dependen de la fuerza de la generación siguiente.

Durante toda la vida hay que tener actitud de principiante. En la actualidad nuestro cuerpo ha crecido, pero nuestra mente no. Para que la mente se vuelva tan grande como el universo, tenemos que mantener la actitud interior de un niño. Solo un niño puede desarrollarse, gracias a su inocencia. Esa inocencia y ausencia de ego es lo que debemos alimentar. Solo entonces podremos llegar a ser receptores de la gracia de Dios.

La base de todo es el Poder Universal, que hace malabarismos con nosotros y a veces nos eleva a grandes alturas. Entonces conseguimos fama y renombre; pero si ese Poder Universal no nos sostiene, caemos y nos hacemos pedazos. Siempre debemos ser conscientes de ello. Amma recuerda una historia relacionada con esto.

Había unos guijarros amontonados junto a la carretera. Un niño pasó, agarró uno de los guijarros y lo arrojó al aire. Mientras subía, el guijarro empezó a sentirse orgulloso.

—¡Miradme! Todos los demás guijarros están ahí abajo. Soy el único que está volando así de alto por el cielo, moviéndose con el sol y la luna.

El guijarro empezó a burlarse de los guijarros que estaban en el suelo.

—¿Por qué seguís ahí tumbados? ¡Subid!

Los demás guijarros se consolaban diciendo:

—¿Qué podemos hacer? Hace un momento estaba aquí yaciendo con nosotros. Mirad ahora su nivel. Bueno, hace falta suerte para todo.

Pero el guijarro que volaba tan alto no pudo seguir jactándose mucho tiempo. Cuando el poder del impulso se terminó, el guijarro empezó a caer. Cuando llegó al suelo les dijo a los demás:

—¿Veis? Me sentía mal por estar lejos de todos vosotros. Por eso he regresado y no me he quedado allí arriba mucho tiempo.

Buscar siempre una justificación para todo, la tendencia a justificar hasta una caída, sin admitir nunca los propios errores: eso es lo que vemos en el mundo actual.

En nuestro interior hay sabiduría, pero raramente somos capaces de ponerla en práctica. Cuando un médico hizo una visita a una casa, le ofrecieron para beber una Coca-Cola y agua de coco. Eligió la Coca-Cola y no el agua fresca de coco. Él sabía que el agua de coco es lo mejor para la sed y que la Coca-Cola es mala para el cuerpo; pero la Coca-Cola está de moda, así que no hizo caso al agua de coco. Del mismo modo, aunque tenemos conocimiento no se refleja en nuestras acciones. Tenemos que transformar nuestro conocimiento en acción, porque solo entonces es beneficioso.

En la actualidad todos solo saben recibir. La disposición de dar está ausente en la mayoría de las personas. Un hombre se cayó en una zanja.

—¡Salvadme! ¡Salvadme! —gritaba.

Uno que pasaba por allí le oyó y acudió al rescate. Para sacar al hombre de la zanja le dijo:

—Dame la mano.

Pero el hombre de la zanja no quería darle la mano.

Por fin, el rescatador le tendió la mano y le dijo:

—Toma mi mano.

Inmediatamente el hombre le agarró la mano. Así es como somos la mayoría de nosotros. Solo estamos dispuestos a recibir y somos muy reacios cuando se trata de dar. Si esta actitud persiste, llevará a la caída del país. Quizás no podamos inspirar a otros a dar en lugar de recibir, pero al menos podemos intentar inspirarles a dar algo. Esa es la manera de mantener la armonía en este país y en el mundo en general. Hijos míos, tenéis que entender esto y perseverar. Solo entonces podrá progresar el país.

Con Sus manos y pies por todas partes

Dios no es alguien que esté sentado en un trono ceremonial en algún lugar más allá del cielo. Dios está más allá del intelecto. Dios es una "experiencia". No podemos ver a Dios con los ojos; pero, si estamos atentos interiormente, podemos verle. La presencia de Dios puede verse en el cuco cantarín, el cuervo graznador, el retumbante mar y el rugiente león. La misma Conciencia Suprema está detrás de los pies que caminan, las manos que trabajan, la lengua que habla, los ojos que ven y el corazón que late. La Conciencia Suprema lo llena todo, en todas partes. Esto le recuerda a Amma una historia.

En una determinada aldea había una estatua de un santo. La estatua tenía los brazos abiertos, y al pie de la misma estaban escritas estas palabras: "Venid a mis brazos". Después de muchos años la estatua perdió ambos brazos. Eso les preocupaba a los aldeanos. Pero todavía podía leerse con claridad "Venid a mis brazos". Algunos de los aldeanos sugirieron:

—Levantemos una estatua nueva.

Otros no estaban de acuerdo y decían:

—No, restauremos la estatua antigua y pongámosle brazos nuevos.

Un anciano se adelantó y dijo:

—No os peleéis por esto. No hacen falta ni brazos nuevos ni una estatua nueva.

Los demás le preguntaron:

—En ese caso, ¿cuál sería el significado de las palabras que están escritas en la estatua, "Venid a mis brazos"?

El anciano respondió:

—No hay ningún problema. Simplemente añadid unas palabras debajo de esas que digan: "No tengo más brazos que los tuyos. Mis brazos trabajan mediante los tuyos".

Del mismo modo, Dios no tiene manos o pies propios. Dios actúa por medio de nosotros. Por eso tenemos que traer a Dios a nuestras manos y nuestros pies. Y tenemos que traer a Dios a nuestro corazón y a nuestra lengua. Nosotros mismos tenemos que convertirnos en Dios.

En la vida suceden normalmente dos cosas: realizamos acciones y experimentamos los frutos de esas acciones. Mientras las buenas acciones producen buenos resultados, las acciones negativas traerán ciertamente malos resultados. Que estas palabras no os asusten, hijos míos. Si damos un paso hacia Dios, Él dará diez pasos hacia nosotros.

En las escuelas de las aldeas a menudo se les dan a los estudiantes notas de gracia en los exámenes para ayudarles a aprobar. De ese modo, los que han escrito al menos algunas de las respuestas pueden sacar un aprobado. Igualmente, tiene que haber algún esfuerzo por nuestra parte. Si se ha hecho ese esfuerzo, indudablemente después vendrá el éxito, porque la gracia de Dios fluirá hacia nosotros. Más que nuestro esfuerzo, la gracia de Dios es la razón de nuestro éxito. La gracia de Dios es lo que añade dulzura a nuestro esfuerzo.

Junto a nuestro esfuerzo también debemos intentar eliminar el "yo" en nosotros. Solo entonces podremos recibir la gracia de Dios. Aunque Dios derrame su gracia sobre nosotros, no servirá para nada si el sentido de "yo" permanece en nosotros. La gente solicita empleos y a los que aprueban el examen se les llama para una entrevista. Muchos candidatos que cumplen los requisitos de altura y peso se presentan a la entrevista, con sus certificados académicos y excelentes referencias; pero los que responden a las preguntas sin equivocarse no siempre son elegidos para el trabajo. La razón es que algunos de ellos no obtuvieron la gracia que ablanda el corazón del entrevistador. Esa gracia se adquiere como fruto de las buenas acciones. Hay muchos que intentan ir por el camino fácil para conseguir lo que quieren sin tratar de obtener esa gracia.

Se dice que diez millones de rupias terrenas equivalen a un *paisa* (céntimo) celestial. Y que un segundo de tiempo celestial equivale a diez millones de años de la tierra. Un devoto le rezó a Dios:

—Dios, ¿no eres Tú la morada de la compasión? No tienes que darme mucho. Solo bendíceme dándome un *paisa* de tu mundo.

Dios respondió:

—Por supuesto, con mucho gusto te doy un *paisa*. Solo espera un segundo.

Eso es lo que sucede cuando tratamos de engañar a Dios. Pero Dios no es ningún tonto. Dios es la gran Inteligencia que es la fuente de toda la inteligencia del universo. Debemos recordarlo. Por eso, la manera más fácil de lograr el éxito en la vida es volvernos aptos para recibir la gracia de Dios haciendo buenas acciones.

Mientras realizamos cualquier acción debemos obedecer la voz de nuestra conciencia. Todo lo que hagamos en contra de nuestra conciencia, no haciendo caso a esa voz, nos llevará a la confusión interior. Solo nos llevará a la perdición.

La humildad y la compasión

Amma siempre dice que la meditación es tan valiosa como el oro. La meditación lleva a la prosperidad material, la paz y la liberación. Ni un momento que se pase en meditación es nunca un desperdicio. Solo puede ser muy valioso. Si además de nuestra meditación también tenemos compasión, es como oro aromático. Una cara sonriente, una palabra amable, una mirada compasiva... todo eso es verdaderamente meditación. Hasta nuestras palabras casuales tienen una gran importancia. Por eso, hay que decir cada palabra con mucho cuidado. Debemos tener cuidado de no pronunciar ni siquiera una palabra que pueda causarle dolor a otra persona, porque todo lo que damos regresa a nosotros. Si damos dolor a los demás, entonces recibiremos dolor. Si damos amor, tendremos alegría y amor.

En una ocasión un grupo de viajeros se perdió y terminó en un lugar desconocido. Se encontraron con un hombre en la carretera y le preguntaron por el camino. Le dijeron groseramente:

—Oye, tú, ¿cómo podemos llegar a ese lugar?

Al oír su tono arrogante, el hombre decidió mandar de un lado para otro a aquellos tipos tan altaneros y les dio instrucciones para que tuvieran que dar un gran rodeo.

Si hubieran contenido su arrogancia y le hubieran preguntado educadamente, el hombre habría intentado ayudarles. Aunque no hubiera sabido el camino, los habría llevado a alguien que sí lo supiera. De modo que la respuesta que recibimos de los demás viene determinada por la actitud que tenemos hacia ellos y las palabras que empleamos. Si hablamos con amor y humildad, recibimos una respuesta adecuada. Por eso se dice que hay que elegir con sumo cuidado cada palabra que utilicemos.

Un hombre va a un determinado barrio buscando trabajo.

—Soy pobre. Estoy en el paro. Por favor, denme algún trabajo —suplica.

Pero la gente lo echa. El pobre hombre va a otro barrio, pero la gente de allí le grita y le ordena que se marche. Si esta experiencia se repite diez veces, el hombre puede incluso no querer vivir más. Querrá suicidarse. Pero supongamos que alguien le dice amorosamente:

—Ten paciencia. Si sale algo, seguro que te llamo.

Eso puede salvarle la vida. Por tanto, debemos asegurarnos de que cada uno de nuestros pensamientos y palabras esté lleno de amor y compasión. La gracia de Dios fluye automáticamente hacia personas así. "Oh, Dios, que mis pensamientos, miradas o palabras no hagan daño a nadie". En esa sentida oración es en lo que consiste la verdadera devoción. Ese es el verdadero conocimiento, nuestro verdadero deber para con Dios.

El sol no necesita la luz de una vela. Dios no necesita nada de nosotros. Todo lo que Dios espera de nosotros es un corazón compasivo. Debemos ir con los que sufren y llevarles paz. Eso es lo que Dios quiere. Lo que nos vuelve aptos para recibir la gracia del Espíritu Supremo es nuestra bondad con los que sufren.

Amma no quiere molestaros hablando más. Amma no puede atribuirse el que todas las instituciones de este *ashram* hayan nacido debido a la capacidad de Amma. Podemos hacer todas estas cosas gracias a las capacidades de los devotos, de hijos como vosotros. Miles de hijos de Amma trabajan duro dieciocho horas diarias sin cobrar nada. Ni siquiera este hospital se construyó contratando a nadie. Los hijos de Amma trabajaron según sus capacidades. Al principio se cometieron algunos errores, pero nadie fue expulsado por ello. Por ese estímulo, y por la gracia de Dios, fueron capaces de corregir los errores y terminar el trabajo fantásticamente. Demos otra oportunidad a los que fracasan y elevémoslos en lugar de rechazarlos. Tendiendo una mano a los que han fracasado podremos elevarlos a la categoría de los ganadores.

Shiva... Shiva... Shiva.

Que todos los días sean una Fiesta de Onam

Mensaje de Onam de Amma, 1998, Amritapuri

Hoy es *Onam*, un día de fiesta, emoción, entusiasmo y alegría. Es un día en el que hasta las personas más desgraciadas tratan de olvidar su sufrimiento. Se dice que recordar olvidando es el verdadero recuerdo. Si un médico se acuerda de su esposa y sus hijos mientras realiza una operación, la operación no tendrá éxito. Para que la operación tenga éxito tiene que centrarse totalmente en el trabajo que está haciendo. Del mismo modo, cuando llega a casa y su hijo va corriendo hacia él buscando su amor, gritando "¡papá!, ¡papá!", si su mente está todavía centrada en sus pacientes, no puede ser un buen padre. Y, si no escucha a su esposa cuando le cuenta sus problemas, tampoco podrá ser un buen marido. El médico olvida su casa mientras está en el hospital y el hospital cuando está en casa. Por su capacidad de olvidar es por lo que logra el éxito en el trabajo y la felicidad en la vida.

¿Basta con que nos alegremos sólo el día santo de *Onam*? ¿No debe la vida ser dichosa todos los días? Ser feliz solo un día al año y estar triste todos los demás días. ¿Es posible la felicidad durante solo un día? ¿Somos entonces verdaderamente felices incluso ese único día? Pensad en ello, hijos míos.

No solo un día: los trescientos sesenta y cinco días del año deben estar llenos de dicha. Nuestra vida entera debe convertirse en una fiesta. La espiritualidad nos enseña el modo de lograrlo. Para que se produzca esa entrega hay que refugiarse totalmente en el Ser Supremo. Eso es lo que realmente nos mostró *Mahabali*. Era un asura, pero fue capaz de entregarse —de entregar su sentido del "yo"— al Ser Supremo. Dios no nos pide nada más que eso. Dios es la personificación de la compasión, que está de pie, humildemente, tendiéndonos los dos brazos para recibir nuestro ego. El ego es la ofrenda que más le gusta a Dios, y eso es lo que debemos ofrecerle. Eso es lo que hizo *Mahabali*. Si no estamos dispuestos a hacerlo, Dios nos extraerá el ego de una u otra manera. Dios sabe que solo haciendo eso podremos experimentar la verdadera felicidad. Esa entrega al Espíritu Supremo produce la purificación de la mente y el intelecto. Así es como podemos transformar la vida en una fiesta. Se dice que solo es posible ser feliz cuando en la vida hay sacrificio. En la vida hay muchos pequeños sacrificios. Los aficionados al críquet están dispuestos a soportar la lluvia y el sol abrasador para ver un partido. Cuando un bebé está enfermo, los padres se quedan despiertos toda la noche y cuidan del niño, aunque hayan estado trabajando todo el día y estén agotados. Esos son los pequeños sacrificios que hacemos. Pero para alcanzar la dicha suprema, que dura eternamente, hay que hacer un gran sacrificio: el sacrificio del ego.

Solo por el sacrificio encontraremos la felicidad. Con un sacrificio pequeño experimentamos una alegría que dura poco tiempo. No es eterna. Quizá recordéis el cuento que os contaron a muchos de vosotros cuando erais niños. Es el cuento del trozo de arcilla y la hoja seca que jugaban al escondite. Es un cuento para niños pequeños, pero tiene un gran significado. Cuando la arcilla y la hoja estaban jugando, empezó a soplar el viento. La arcilla se preocupó mucho y pensó: "¡Oh, no, la hoja podría salir volando!" La arcilla se sentó encima de la hoja y la salvó. Poco después de repente se puso a llover. La hoja se sentó encima de la arcilla y la cobijó de la lluvia, y la arcilla se salvó. Pero entonces el viento y la lluvia llegaron juntos y ya sabéis lo que sucedió. La hoja salió volando y la arcilla se disolvió con la lluvia. Así son nuestras vidas. Cuando dependemos de otros, recibimos pequeñas dosis de felicidad; pero, si nos enfrentamos a un gran peligro, allí no habrá nadie que nos salve. Entonces nuestro único recurso será refugiarnos en el Ser Supremo. Esa entrega es nuestra única protección. Es la única forma de conservar la felicidad durante toda la vida.

Vivid en este momento

Hijos míos, podemos llevar demasiados pesos dolorosos: el hijo no ha encontrado un trabajo, la hija no está casada, no hemos construido la casa con la que soñábamos, no nos curamos de nuestra enfermedad, hay rencillas familiares, el negocio tiene pérdidas, etc. Nos quemamos como cascarilla de arroz, pensando en todos nuestros problemas[46]. La mente está tensa y esa tensión es la causa de todas las enfermedades. La única forma de eliminar la tensión es entregarse. ¿De qué sirve pasar por todo ese estrés y sufrimiento? Hay que realizar las acciones lo mejor que podamos, utilizando la fuerza que Dios nos ha dado, y después dejar que las cosas se desarrollen según la voluntad de Dios. Dejadle todo al Ser Supremo. Refugiarse completamente en Dios es el único camino. No sirve para nada quemarnos pensando en lo que se ha ido y en lo que todavía está por llegar. Solo este momento presente está con vosotros. Tened cuidado de no perder este momento por culpa de vuestro dolor.

El "mañana" nunca vendrá. Solo "este momento" es nuestro para experimentarlo. Ni siquiera sabemos si podremos tomar otra respiración. Queridos hijos míos, debemos tratar de vivir en el momento presente.

Eso no significa que no tengamos que planear el futuro. Antes de construir una casa, tenemos que hacer un proyecto. Mientras dibujamos el plano debemos poner en ello toda nuestra atención,

---

[46] La cascarilla de arroz arde durante mucho tiempo.

y cuando construimos la casa nuestra atención debe estar en eso. Eso es lo que quiere decir Amma.

Tenemos que dibujar un plano del puente antes de construirlo. En ese momento no perdemos tiempo centrando nuestra atención en la construcción; nos centramos en el plano. Y más tarde, cuando construimos el puente, toda nuestra atención está en eso. Prepararnos para el futuro es ciertamente bueno; pero, ¿para qué sirve preocuparnos demasiado por lo que todavía está por llegar? Lo importante es que pasemos este momento útil y felizmente. Amma habla sobre la forma de hacerlo. Hay que vivir este momento que tenemos ahora de tal forma que dé la mayor alegría al mundo y a nosotros mismos.

Para experimentar alegría en este momento tenemos que olvidar lo que ha pasado y lo que todavía está por llegar. Eso es posible si nos entregamos totalmente al Ser Supremo. Entonces la vida se convertirá en una fiesta. Será *Onam* trescientos sesenta y cinco días al año.

Así que, hijos míos, ofrezcámonos al Ser Supremo y hagamos que la vida misma sea una fiesta.

Perfeccionad la mente

Hijos míos, aunque nos enorgullezcamos de ser seres humanos, eso se aplica solo a la forma exterior. En nuestro interior todavía somos grandes simios. Nuestra mente todavía es la mente de un mono. Cuando el feto humano está en el útero, primero adopta la forma de un pez y después la de un mono... y, después, habiendo nacido como seres humanos, nos resistimos a abandonar nuestra naturaleza de mono.

Un mono salta de una rama a otra de un árbol; pero el mono humano es muy superior, ya que de un salto llega a la luna, con otro salto aterriza en Estados Unidos y, con el siguiente, en Rusia. Salta muchos años hacia el pasado y, al momento siguiente, salta hacia el futuro. Así es como se comporta el mono de la mente humana. Transformar una mente así no es tarea fácil. ¡Así de grande es el poder de nuestro *samskara* anterior!

Tres hombres caminaban por una carretera. Se llamaban *Ramu*, *Damu* y *Komu*. Mientras caminaban alguien gritó desde atrás:

—¡Eh, *Ramu*!

Ramu miró hacia atrás. Después de caminar una cierta distancia, alguien más gritó:

—¡Eh, *Damu*!

Esta vez *Damu* miró hacia atrás. Un rato más tarde oyeron:

—¡Eh, *Komu*!

Y *Komu* miró hacia atrás. Mientras seguían caminando, alguien gritó de repente:

—¡Eh, vosotros, monos!

Se dice que los tres miraron hacia atrás.

Se trata de una tendencia innata previa. El ser humano tiene una mente de mono, una mente que corre constantemente en diferentes direcciones y que es muy difícil de cambiar. Para poder controlar una mente así hay que redondearla, es decir, hay que poner en orden y controlar los pensamientos que corren de aquí para allá, y las cualidades necesarias para lograrlo son la humildad y la entrega. Si tenemos esas cualidades, nuestros pensamientos no vagarán como les plazca. Si una serpiente se mete la cola en la boca, no puede avanzar. Del mismo modo, si podemos dirigir la mente a voluntad, los pensamientos no deseados desaparecerán y tendremos la mente bajo nuestro control.

Mahabali tuvo la humildad de inclinar la cabeza ante el Espíritu Supremo. Fue capaz de entregarse a Dios. El resultado fue que su mente se volvió tan amplia como el universo y el amor y la compasión llenaron su ser. Así, evolucionó del estado demoníaco al estado de divinidad.

Nosotros también podemos evolucionar de nuestra mente de mono actual al nivel de Dios. Lo único que tenemos que hacer es entregarnos a Dios. Tenemos que estar dispuestos a inclinar la cabeza ante Dios. Tenemos que cultivar la humildad. Amma os dice muy a menudo que nuestro cuerpo ha crecido, pero no nuestra mente. Ese es nuestro estado actual. Para que la mente se vuelva tan amplia como el universo, primero tenemos que llegar a ser como niños, porque solo un niño puede crecer.

Cuando conectamos una tubería a un tanque, toda el agua del tanque fluye hacia afuera y el agua que estaba en el tanque beneficia al mundo. Igualmente, tenemos que conectarnos con el Espíritu Supremo. Entonces el poder infinito de Dios fluirá a través de nosotros. Conectarnos con el Espíritu Supremo es desechar el sentido de "yo" y entregárselo todo a Dios. Con la actitud de que no somos nada, verdaderamente nos convertimos en todo. Ese es el significado del dicho: "si eres un cero, te conviertes en un héroe ('hero' en inglés)".

Un devoto debe tener las siguientes cualidades: debe ser humilde con los demás, tener un sentimiento de reverencia ante todos los seres vivos, ser compasivo y tener siempre la actitud de ser un principiante. Esa es la cultura que los antiguos *Rishis* nos transmitieron. Si nos empapamos de esas cualidades y vivimos según ellas, podemos alcanzar la meta última de la vida.

Glosario

Advaita – No dualismo. La filosofía que enseña que el Creador y la creación son lo mismo y son indivisibles.

Archana – "Ofrenda de adoración". Una forma de culto en la que se recitan los nombres de una deidad, normalmente ciento ocho, trescientos o mil nombres en una sesión.

Arjuna – El tercero de los cinco hermanos *Pandavas*. Un gran arquero que es uno de los héroes del *Mahabharata*. Era amigo y discípulo de *Krishna*. Es a *Arjuna* al que se dirige *Krishna* en la *Bhagavad Gita*.

Ashram – "Lugar de esfuerzo". Un lugar en el que viven o al que visitan aspirantes espirituales para llevar una vida espiritual y dedicarse a la práctica espiritual. Suele ser el hogar de un maestro espiritual, santo o asceta que guía a los aspirantes.

Asura – Un demonio. Una persona con cualidades demoníacas.

Atman – El Ser, Espíritu o Conciencia trascendente, que es eterno. Nuestra naturaleza esencial. Uno de los principios fundamentales del *Sanatana Dharma* es que somos el Ser (Espíritu) eterno, puro e inmaculado.

Avatar – "Descenso". Una encarnación del Ser Supremo. El objetivo de una encarnación de Dios es proteger el bien, destruir el mal, restablecer la rectitud en el mundo y llevar a la humanidad a la meta espiritual del conocimiento del Ser. Es muy infrecuente que una encarnación sea un descenso pleno (Purnavatar).

Bhagavad Gita – "Canción del Señor" *Bhagavad* = del Señor; gita = canción; se refiere específicamente a los consejos o las enseñanzas que *Krishna* dio a *Arjuna* en el campo de batalla de Kurukshetra al comienzo de la guerra del *Mahabharata*.

Es una guía práctica para la vida diaria de todos, y contiene la esencia de la sabiduría védica. Se la suele denominar "la *Gita*".

Bhagavatam – Una de las dieciocho escrituras llamadas *Puranas*, que trata especialmente sobre las encarnaciones de *Vishnu* y, con mayor detalle, sobre la vida de *Sri Krishna*. Insiste en el camino de la devoción. También se le llama el *Srimad Bhagavatam*.

Bhakti – Devoción.

Bhava – Ánimo, actitud o estado divino.

Bhima – El segundo hijo mayor de los cinco hermanos *Pandavas*, cuya historia se narra en el *Mahabharata*.

Brahmachari – Un discípulo célibe que realiza prácticas espirituales y suele ser entrenado por un *Guru*.

Brahman – La Realidad Absoluta. El Todo. El Ser Supremo. "Eso" que lo abarca y lo llena todo, que es Uno e indivisible.

Darshan – Una audiencia con lo Divino o con una persona santa, o una visión de ellos.

Dhanvantari – Aparece en los *Vedas* y los *Puranas* como el médico de los seres celestiales (*devas*), y es la deidad de la medicina.

Dharma – De la raíz *dhri*: sostener, mantener, guardar. A menudo se traduce simplemente como "rectitud". *Dharma* tiene muchos significados profundamente interrelacionados: lo que mantiene el universo, las leyes de la Verdad, las leyes universales, las leyes de la naturaleza, el acuerdo con la armonía divina, rectitud, religión, deber, responsabilidad, conducta correcta, justicia, bondad y verdad. *Dharma* significa los principios internos de la religión. Significa la verdadera naturaleza, las funciones y acciones adecuadas de un ser o un objeto. Por ejemplo: el *dharma* del fuego es quemar. El *dharma* de un ser humano es vivir en armonía con los principios espirituales universales y cultivar una conciencia superior.

Gopi – Las *gopis* eran jóvenes vaqueras y lecheras que vivían en *Vrindavan*. Eran las devotas más íntimas de *Krishna* y eran famosas por su devoción suprema al Señor. Ejemplifican el más intenso amor a Dios.

Grihasthashrami – Una persona entregada a la vida espiritual mientras vive como seglar.

Ishta Devata – "Deidad amada". La Divinidad que se ha elegido adorar según la naturaleza propia, y que es el objeto del mayor deseo que se tiene y la meta última.

Ithihasa – "Así fue". Historia épica, en particular el *Ramayana* y el *Mahabharata*. Este término a veces se refiere a los *Puranas*, especialmente el *Skanda Purana* y el *Srimad Bhagavatam*.

Kali Yuga – "Edad de la oscuridad". En la creación hay un ciclo de cuatro edades o períodos de tiempo (véase yuga en el glosario). Actualmente vivimos en el *Kali Yuga*. La civilización humana degenera espiritualmente y la maldad predomina durante todo el *Kali Yuga*. Se le llama la Edad Oscura, principalmente porque las personas están lo más lejos que es posible de Dios.

Krishna – "El que nos atrae hacia sí". "El Oscuro" ("oscuro" en este contexto se refiere a su carencia de límites, y al hecho de que sea incognoscible e incomprensible para el muy limitado alcance de la mente y el intelecto). Nació en una familia real, pero creció con padres adoptivos y vivió como un joven vaquero en *Vrindavan*, donde era amado y adorado por sus devotos compañeros, las *gopis* (jóvenes vaqueras y lecheras) y los *gopas* (jóvenes vaqueros). Más adelante *Krishna* llegó a ser el gobernante de Dwaraka. Fue amigo y consejero de sus primos, los *Pandavas*, y especialmente de *Arjuna*, a quien reveló sus enseñanzas en la *Bhagavad Gita*.

Kuchela – *Kuchela* fue un amigo de infancia del Señor *Krishna*. De adulto vivía en la pobreza. Su esposa e hijos

pasaban hambre. Un día la esposa de *Kuchela* le dijo:
—¿No fue el Señor *Krishna* tu compañero de clase? Acude a él
y pídele ayuda. *Kuchela* accedió; pero, ¿cómo podía ir a ver a
su viejo amigo con las manos vacías? En su casa no había nada
que darle excepto un puñado de arroz aplanado. *Kuchela* partió
hacia *Mathura* llevando como único regalo el arroz aplanado.
De camino, se preguntaba cómo lo recibiría *Krishna*. *Krishna*
era famoso y vivía en un palacio mientras que él, *Kuchela*,
vivía en la más completa pobreza; pero en cuanto *Krishna*
vio a *Kuchela*, fue corriendo a abrazarlo. Invitó a *Kuchela* a
entrar en el palacio y lo trató muy afectuosamente. *Kuchela*
dudaba si ofrecerle el puñado de arroz aplanado; pero *Krishna*
lo agarró, se lo comió y ofreció a los demás, y elogió el sabor.
Kuchela pasó cuatro días felizmente en el palacio. Se olvidó
por completo de pedirle a *Krishna* que aliviara su pobreza; pero
cuando llegó a su hogar descubrió que *Krishna* había enviado
oro, ricas vestiduras y dinero a su casa, y se le había construido
una espléndida mansión.

Mahabali – A *Mahabali* se le recuerda en la festividad del *Onam*.
Mahabali era un poderoso rey asura que derrotó a los devas
en combate y extendió su dominio al reino celestial. Aditi, la
madre de todos los devas, estaba preocupada por el destino de
su progenie y le pidió al Señor *Vishnu* que los salvara. El Señor
Vishnu nació como hijo de ella bajo la forma de *Vamana*, el
Enano Divino. *Vamana* fue a ver a *Mahabali* como un *brahmachari*. Este le dio la bienvenida y le prometió darle cualquier
regalo que quisiera. *Vamana* solo le pidió la cantidad de terreno
que pudiera recorrer en tres pasos. A *Mahabali* le pareció una
petición insignificante, pero le concedió a *Vamana* el terreno
a pesar de la advertencia de su *Guru* de que el joven *brahmachari* no era otro que el propio Señor que había ido disfrazado.
Cuando *Vamana* empezó a medir el terreno con sus pasos,

creció inmensamente y recorrió todos los mundos en solo dos pasos. Como no quedaba espacio para el tercer paso, *Mahabali* se entregó gustosamente al Señor y le ofreció su cabeza como un lugar posible para que pusiera su pie. En la versión popular de la historia, el Señor empujó hacia abajo con el pie a *Mahabali*, hasta el infierno; pero, como señala Amma, esta no es la interpretación correcta de la historia, y en el *Srimad Bhagavatam* no sucede de este modo. En realidad, lo que quería el Señor era destruir el ego de *Mahabali*, que, en todo lo demás, era un gran devoto suyo. El *Bhagavatam* le concede un lugar muy especial a *Mahabali* en el mundo de Sutala, al que se retira junto a su eminente abuelo *Prahlada*, uno de los mayores devotos del Señor. El propio Señor promete permanecer como portero de *Mahabali* en ese espléndido mundo. La esencia de la historia es que Dios bendice a su devoto destruyéndole el ego y lo eleva hasta el estado supremo. Se dice que *Mahabali* le pidió al Señor que le permitiera visitar a sus queridos súbditos una vez al año, y *Onam* es el día en el que hace esa visita. Según la leyenda, *Mahabali* era un gran gobernante en cuyo reinado todos eran iguales y prósperos, y en el día de *Onam* el pueblo de *Kerala* recuerda su dorado reinado. Esta vinculación del nombre de *Mahabali* con una festividad específica sólo se da en *Kerala*. El *Bhagavatam* no menciona ninguna petición de *Mahabali* de visitar a sus súbditos todos los años.

Mahatma – "Gran alma". Cuando Amma utiliza el término mahatma, se está refiriendo a un alma conocedora del Ser.

Onam – *Onam* es la festividad más importante de *Kerala*. Se celebra el primer mes del calendario *malayalam* y tiene el carácter de celebración del Año Nuevo y la fiesta de la cosecha. Todos, independientemente de la casta, el credo o la riqueza, se alegran y celebran este día poniéndose ropa nueva y disfrutando de comidas especiales. *Onam* señala la vuelta anual a su reino del espíritu del mítico rey *Mahabali*.

Pada puja – La adoración de los pies de Dios, el *Guru* o un santo. Igual que los pies sostienen el cuerpo, el Principio del *Guru* sostiene la Verdad Suprema. En consecuencia, los pies del *Guru* representan la Verdad Suprema.

Payasam – Un postre dulce de arroz.

Prarabdha – "Responsabilidades, cargas". El fruto de las acciones pasadas de esta y anteriores vidas que se manifestará en esta vida.

Puja – "Adoración". Ritual sagrado. Culto ceremonial.

Radha – Una de las *gopis* de *Krishna*. Estaba más unida a *Krishna* que cualquier otra *gopi* y personifica el amor a Dios más elevado y más puro.

Rahu – Uno de los *navagrahas* (nueve planetas). *Rahu* es el nodo lunar ascendente. En la mitología hinduista, *Rahu* es una serpiente que se traga el sol o la luna provocando los eclipses.

Rama – "El que da la alegría". El héroe divino de la epopeya *Ramayana*. Era una encarnación del Señor *Vishnu*, y se le considera el ideal del *dharma* y la virtud.

Ramayana – "La vida de *Rama*". Una de las dos grandes epopeyas de la India (la otra es el *Mahabharata*), que describe la vida de *Rama*, escrita por *Valmiki*. *Rama* era una encarnación de *Vishnu*. Una parte muy importante de la epopeya narra cómo Sita, la esposa de *Rama*, fue secuestrada y llevada a *Sri Lanka* por *Ravana*, el rey demonio, y cómo la rescataron *Rama* y sus devotos, entre ellos *Hanuman*.

Rishi – Rsi = saber. Sabio conocedor del Ser. Se suele referir a los siete *Rishis* de la India antigua, siete almas conocedoras del Ser que podían "ver" la Verdad Suprema.

Samadhi – Un estado de concentración profunda y enfocada en un punto, en el que todos los pensamientos se apaciguan y la mente entra en un estado de completa quietud en la que solo permanece la Conciencia Pura, ya que se mora en el *Atman* (Ser). Se describe como un estado en el que el experimentador, la experiencia y lo experimentado son uno.

Samsara – El ciclo en curso del nacimiento, la muerte y el renacimiento.

Samskara – *Samskara* tiene dos significados: la totalidad de las impresiones dejadas en la mente por las experiencias de esta y las anteriores vidas, que influyen en la vida de un ser humano: su naturaleza, acciones, estado mental, etc.; y el despertar de la comprensión (conocimiento) correcta dentro de cada persona, que hace que su carácter se vaya refinando.

Sanatana Dharma – La Religión Eterna. El Principio Eterno. El nombre tradicional del hinduismo.

Sankalpa – Una resolución creativa, integral, que se manifiesta. El *sankalpa* de una persona corriente no siempre da el fruto correspondiente, pero un *sankalpa* hecho por un conocedor del Ser hace que se manifieste inevitablemente el resultado al que apunta.

Sannyasi o sannyasini – Un monje o monja que ha hecho votos formales de renuncia. Tradicionalmente lleva ropa de color ocre, que representa el fuego que quema todos los apegos.

Satsang – *Sat* = verdad, ser; *sanga* = relación con. Estar en compañía de personas santas, sabias y virtuosas. También es un discurso espiritual pronunciado por un sabio o un erudito.

Seva – Servicio desinteresado.

Sita – La mujer de *Rama*. Se la considera un modelo perfecto de virtud para las mujeres.

Sri Lalita Sahasranama – Un texto sagrado que consiste en los mil nombres de la Madre Divina, y que se recita. Cada nombre es un mantra.

Tapas – "Calor". Disciplina personal, prácticas ascéticas, penitencia y autosacrificio. Prácticas espirituales que queman las impurezas de la mente.

Tapasvi – Un practicante serio de *tapas*.

Vanaprastha – La etapa de la vida del retiro. En la antigua tradición india hay cuatro etapas de la vida. Primero al joven se le envía a un *gurukula*, donde vive como *brahmachari*. Después se casa y vive como seglar dedicado a la vida espiritual (grihasth*ashrami*). *Vanaprastha* es la tercera etapa de la vida. Cuando los hijos de la pareja son lo suficientemente mayores para cuidar de sí mismos, los padres se retiran a una ermita o un *ashram*, donde llevan una vida puramente espiritual, haciendo práctica espiritual. Durante la cuarta etapa de la vida renuncian al mundo completamente y viven como *sannyasis*.

Vedanga – Ramas del conocimiento que son auxiliares de los *Vedas*.

Vedanta – "Conclusión del Veda". La filosofía de las *Upanishads*, la parte final de los *Vedas*, según la cual la verdad es "Única y sin segundo".

Vedantin – Una persona que sigue el camino del *Vedanta*.

Vedas – "Conocimiento, sabiduría". Las sagradas escrituras antiguas del hinduismo. Una colección de textos sagrados en sánscrito que se dividen en cuatro partes: *Rig*, *Yajur*, *Sama* y *Atharva*. Los *Vedas*, que se hallan entre las escrituras más antiguas del mundo, constan de cien mil estrofas, además de prosa complementaria. Los trajeron al mundo los *Rishis*, que eran sabios conocedores del Ser. Se considera a los *Vedas* la revelación directa de la Verdad Suprema.

Viveka – Discernimiento. La capacidad de discernir entre lo real y lo irreal, entre lo eterno y lo transitorio, el *dharma* y el *adharma* (la maldad), etc.

Yudhisthira – El mayor de los cinco hermanos *Pandavas*. Era rey de *Hastinapura* e *Indraprastha*. Se le conoce por su intachable piedad.

Yuga – Edad o eón. Hay cuatro *yugas*: *Satya* o *Krita Yuga* (la Edad Dorada), *Treta Yuga*, *Dwapara Yuga* y *Kali Yuga* (la Edad Oscura). Actualmente vivimos en el *Kali Yuga*. Se dice que los *yugas* se suceden uno a otro casi interminablemente.

Guía de pronunciación

Las palabras indias que aparecen en cursiva en el libro están en la transcripción original inglesa. En esta guía indicamos cómo se pronuncian aproximadamente en español, así como el género de los sustantivos en nuestra lengua (femenino / masculino = f / m) y en algunos casos el número plural (= pl). En cada país o región hispanohablante la pronunciación del español es diferente. Aquí adoptamos la pronunciación castellana.

Hay que pronunciar las letras de la transcripción española como si fuera una palabra española, con las siguientes excepciones:

- La letra "sh" suena como en inglés ("shock").

- La letra "j", también como en inglés ("John").

- La letra "h" siempre aspirada, como en inglés ("house"), nunca muda como en español.

- La letra "r" siempre suave, como en "cara", no como en "rosa", aunque vaya a principio de palabra.

Cuando la palabra se pronuncie en español igual que se escribe en inglés, ponemos "íd.", para abreviar.

adharma: íd. (m)

Aditi: Áditi (f)

advaita: aduaita (m)

Ajamila: Ajámila (m)

Amma: íd. (f)

Amrita: Ámrita (m)

Amrita Kripa Sagar: Ámrita Kripa Ságar (m)

Amritapuri: Ámritapuri (f)

archana: árchana (m)

Arjuna: Árjuna (m)

Aruni: Áruni (m)

ashram: áshram (m)

asura: ásura (m)

Atharva Veda: íd. (m)

Atmamrita: Atmámrita (m)

Atman: íd. (m)

avatar: íd. (m)

Ayyappan: íd. (m)

Bhagavad: Bhágavad (m)

Bhagavad Gita: Bhágavad Guita (f)

Bhagavatam: Bhágavatam (m)

bhakti: íd. (f)

Bharat: Bhárat (m)

bhava: íd. (m)

Bhima: íd. (m)

brahmachari: íd. (m)

Brahman: íd. (m)

Brihadaranyaka Upanishad: Brihadarányaka Úpanishad (f)

Damu: íd. (m)

darshan: íd. (m)

deva: íd. (m)

Dhanvantari: Dhanvántari (m)

dharma: íd. (m)

dhri: íd.

dosha: íd. (m)

Drona: íd. (m)

Dronacharya: íd. (m)

Duryodhana: Duryódhana (m)

Dwapara Yuga: Duápara *Yuga* (m)

Dwaraka: Duáraka (f)

Ganesh(a): íd. (m)

ganja: íd. (m)

Gita: Guita (f)

gopa: íd. (m)

gopi: íd. (f)

grihasthasrami: grihastháshrami (m)

Guru: íd. (f/m)

gurukula: gúrukula (m)

guru seva: íd. (f)

Hanuman: Hánuman (m)

Hastinapura: Hastinápura (m)

Indraprastha: íd. (m)

Ishta Devata: Ishta Dévata (f)

Ithihasa: Itihasa (m)

Janaka: Jánaka (m)

Jayadeva: íd. (m)

jnana: jñana (m)

Jyotirgamaya: Jyotírgamaya

Kaikeyi: íd. (f)

Kali Yuga: íd. (m)

karma: íd. (m)

karma yoga: íd. (m)

Kaurava: Káurava (m)

Kerala: Kérala (m)

Kochi: íd. (m)

Komu: íd. (m)

Krishna: íd. (m)

Krishna Yajurveda: íd. (m)

Krita Yuga: íd. (m)

Kuchela: íd. (m)

Kurukshetra: íd. (m)

Lalita Sahasranama: Lálita *Sahasranama* (m)

Lokah samastah sukhino bhavantu: Lokaha samastaha sukhinó bhavantú

Madhya Pradesh: íd. (m)

Magadha: Mágadha (m)

Mahabali: Mahábali (m)

Mahabharata: Mahabhárata (m)

mahatma: íd. (f/m)

malayalam: malayálam (m)

M. A. Math: íd. (m)

mantra: íd. (m)

Mata Amritanandamayi: Mata Amritanándamayi (f)

Mathura: Máthura (f)

Mithila: Míthila (f)

Mukunda: íd. (m)

Mumbai: Mombei

Murare: íd. (m)

Namboodiri: Nambúdiri

Narayana: Naráyana (m)

navagraha: navágraha (m pl)

Om Amriteshwaryai Namah: Om Amriteshuaryei namahá

Om lokah samastah sukhino bhavantu: Om lokaha samastaha sukhinó bhavantú

Om Namah Shivaya: Om Nama Shivaya

Om shanti, shanti, shanti: Om *shanti, shanti,* shántihi

Onam: Ónam (m)

pada puja: íd. (f)

paisa: íd. (m)

pandal: íd. (m)

Pandava: Pándava (m)

Patala: íd. (m)

payasam: páyasam (m)

poothiri: pútiri (m)

Prahlada: íd. (m)

prakriti: prákrti (f)

pralaya: íd. (m)

prarabdha: prarabdha (m)

prasad: íd. (m)

puja: puja (f)

Purana: íd. (m)

purnavatar: íd. (m)

puttu: íd. (m)

Radha: íd. (f)

Rahu: íd. (m)

Rajneesh: Rajnish (m)

Rama: íd. (m)

Ramana Maharshi: Rámana *Maharshi* (m)

Ramayana: Ramáyana (m)

Ramu: íd. (m)

Ravana: Rávana (m)

Rig Veda: íd. (m)

Rishi: íd. (m)

Rsi: rishi (m)

Sabarimala: Shábarimala (m)

Sahasranama: íd. (m)

samadhi: íd. (m)

Sama Veda: íd. (m)

samsara: sansara (m)

samskara: sanskara (m)

samskriti: sánskriti (f)

Sanatana Dharma: Sanátana *Dharma* (m)

sanga: íd. (m)

sankalpa: íd. (m)

sannyasa: íd. (m)

sannyasi: íd. (m)

sannyasini: sannyásini (f)

sat: íd. (m)

Satguru: Sátguru (m/f)

satsang: sátsang (m)

seva: íd. (f)

Shanti Mantra: íd. (m)

Shiva: íd. (m)

siddhi: íd. (f)

Sita: íd. (f)

Shree Rajneesh: Shri Rajnish (m)

Shvetashvatara Upanishad: Shuetáshuatara Úpanishad (f)

Skanda Purana: íd. (m)

Sri Krishna: Shri *Krishna* (m)

Sri Lanka: Shri Lanka (f)

Sri Lalita Sahasranama: Shri Lálita *Sahasranama* (m)

Srimad Bhagavatam: Shrímad Bhágavatam (m)

Sri Mata Amritanandamayi: Shri Mata Amritanándamayi (f)

Sri Matre Namah: Shri Matré Namahá

Sri Rama: Shri *Rama* (m)

Sri Ramakrishna: Shri Ramakrshna (m)

Sutala: Sútala (m)

Swami Jnananmritananda: Suami Jñanamritananda (m)

Swami Vivekananda: Suami *Vivekananda* (m)

Swamiye Sharanam: Suámiye Sháranam

tapas: íd. (m)

tapasvi: tapasui (m)

Treta Yuga: íd. (m)

tyagenaike amritatvamanashuh: tyagenaike amritatuamanáshu-hu

Upanishad: Úpanishad (f)

Vallickavu: Válikau

Valmiki: íd. (m)

Vamana: Vámana (m)

vanaprastha: íd. (m)

Veda: íd. (m)

vedanga: íd. (m)

Vedanta: íd. (m)

vedantin: íd. (m)

Vidura: Vídura (m)

vikriti: víkriti (f)

Vishnu: íd. (m)

viveka: íd. (m)

Vrindavan: íd. (m)

Yajur Veda: Yájur Veda (m)

Yudhishthira: Yudhíshthira (m)

yuga: íd. (m)

www.ingramcontent.com/pod-product-compliance
Lightning Source LLC
LaVergne TN
LVHW051550080426

835510LV00020B/2931